En photo de couverture : 9 points contributifs de la diaspora Gambana aux recommandations à l'issue de la formation au plaidoyer organisé par le programme EMifo[1] (Bamako-Kayes 18-29 octobre 2021). Notes manuscrites au nom du groupe Diaspora.

---

[1] Programme de Recherche-action dirigé par Dr Marie Rodet de l'Université de la SOAS à Londres, voir sur slaveryforcedmigration.org

Éveil et militantisme

Koundou Soumaré

Les restes féodalo-esclavagistes intra-africains : ce qu'il faut comprendre pour s'en débarrasser !

Le cas soninké

Préface de Gaye Tene Traoré

« *Le passé est une référence et non pas une résidence* » noté à juste titre par Dr Diallo Djibril dit Hadya dans son ouvrage *La Société soninké. Hier, aujourd'hui et demain*

Préface

Dans certaines de nos sociétés africaines, l'ossature est de facto inégalitaire et comme vecteur le déterminisme de naissance en l'occurrence l'esclavage par ascendance avec comme assise la féodalité. Lequel déterminisme jusque-là toléré comme discrimination, comme atteinte à la dignité de l'élément social et surtout servile se brise désormais sur un discours militant subversif telle une vague sur le rocher inamovible d'une berge. L'esclavage par ascendance est une triste et humiliante actualité dans la sous-région ouest africaine et cela depuis l'avènement du mouvement Ganbanaaxun Fedde [2] en octobre 2016, le dénoncer n'est pas une tâche aisée. Face à la légende séculaire qui hante la mémoire communautaire autour de la philosophie féodale, des légendes et des mythes, la citoyenneté s'impose désormais avec un coût social. Le souffle d'un militantisme nouveau (celui de Ganbanaaxun Fedde : égalité pour tous en dignité, droits et devoirs), exigeant réformes sociales et primauté de la citoyenneté est salutaire pour la paix et concorde sociale voire la survie culturelle et identitaire. Car le dynamisme culturel, folklorique dans les sociétés hiérarchisées est porté en grande partie par l'élément d'extraction servile. Aucune

---

[2] Mouvement social transnational militant contre l'esclavage par ascendance en milieux soninké

valeur, aucune identité ou maintien de mémoire collective ne peuvent justifier l'atteinte à la dignité humaine. Pour faire face aux enjeux multiples dans un monde qui est en perpétuelle mutation, certaines tares y compris la nocivité féodale, l'esclavage par ascendance, la mésalliance entre autres, devraient être combattues à l'unisson car vecteur de violences sociales, de barbaries, de crimes. Quand un chef coutumier ou traditionnel, religieux tout court s'arroge les prérogatives de l'autorité administrative comme observé au Mali, en Gambie et en Mauritanie nous assistons à des punitions expéditives et des crimes d'honneur. Lors de son exposé pendant une conférence en octobre 2021 au Gouvernorat de Kayes, le vice-président du haut conseil islamique du Mali a affirmé que la majorité des Maliens croient plus à leurs chefs traditionnels, à leurs marabouts, à leurs guides qu'à l'autorité étatique. Cette réalité prévaut dans nos sociétés hiérarchisées avec comme valeurs les assignations coutumières que les esclavagistes souhaitent voir figées. Le mouvement Ganbanaaxun avec qui un discours nouveau a cours dans la communauté soninké, est un mouvement républicain, revendicatif et pacifique. Nos tares affectent la paix sociale et ainsi que le développement socio-économique. La citoyenneté pleine et entière devrait l'emporter sur les assignations des coutumes, sources de tensions, de violences et de discriminations : telle est la mission que s'est assignée certains humanistes comme Koundou Soumaré, auteur de cette compilation.

Gaye Tene Traoré, le 13 septembre 2023

Remerciements et une note introductive de l'auteur

Mes remerciements :

Je tiens à remercier profondément mes parents pour leurs efforts inestimables pour ma socialisation et mon éducation. Mes pensées pieuses et mes prières pour mon père Bakary Demba SOUMARE (décédé le 24 septembre 2009) et ma tante Magou Hadyetou MAGASSA (connue affectueusement Mma balou) (décédée le 3 août 2023), que leurs âmes reposent en paix éternellement auprès de notre Créateur Allah par sa Bonté Sublime. Santé et résilience à ma mère Lalya Mohamed COULIBABY parmi la maisonnée pour longtemps encore, Ameen, et j'exprime et réitère ma profonde fraternité à mes frères et sœurs (Demba, Diadie, Hamady, Méma, Boubou, Khoudjedji et Fatouma). Et surtout une notable considération à l'endroit de mon épouse pour sa patience et sa compréhension au sein de notre foyer.

Mes remerciements et reconnaissance militante à l'ensemble des engagé.es humanistes Gambanaaxun Fedde à travers le monde en particulier le bureau exécutif d'Armepes-France. Une mention spéciale à mes pères, mères, frères et sœurs de Gambanaaxu Dafort, les épreuves vécues pour la vérité ont scellé un serment et une expérience de vie qui font déjà partie des annales sociales et politiques de notre ville Dafort dans le Guidimagha mauritanien.

Ravi, je dirais un grand merci à mon frère, ami, camarade et président Gaye Tene TRAORÉ pour la préface m'honore pour cet ouvrage.

La note introductive :

En pays soninké la charpente sociale faite d'hiérarchies juxtaposées, est le pendant de l'écosystème féodalo-esclavagiste. Ce régime d'une autre époque y irradie les relations et les réalités sociales d'aujourd'hui. L'aspect esclavagiste du féodalisme ou de la féodalité est porteur d'une toxicité dans le corps sociétal de nos jours, le statut d'esclave ne peut être une donnée sociale qui se sauvegarde d'une manière pérenne. L'esclavage coutumier ou de pratique est mauvais, comme l'avait fait remarquer un ancien président étasunien Abraham Lincoln (16ème président 1861 - 1865) « *Si l'esclavage n'est pas mauvais, rien n'est mauvais.* » « *De même que je refuse d'être un esclave, je refuse d'être un maître. Telle est mon idée de la démocratie.* ». Ainsi ce Mal qui est une coercition par la violence physique ou la violence rusée du conditionnement social voire psychologique ne peut éviter la rigueur de l'irruption d'un *refus-éveil* le temps passant. Ce refus-éveil d'un ton très *woke* [3] passe par une phase nécessairement tumultueuse : une conflictualité à gérer.

Cette conflictualité des complexes mène à une faiblesse commune multidimensionnelle. Sa cause principale est le maintien des injustices érigées en « valeurs civilisationnelles » par une partie de la communauté. Vaincre le complexe d'infériorité qui ferait un net vidage de la substance du complexe de supériorité, passe par 3 phases :

---

[3] Terme anglo-américain donnant comme équivalent basique « éveillé » en français

1 - la phase d'une prise de conscience résolue et décomplexée, et d'un refus subversif de la subordination sociale et politique et ses liens invisibles et visibles,

2 - la phase d'un nécessaire symbolisme structurel pour asseoir une nouvelle vie sociale porteuse d'un cap lisible et ouvert en termes de principes fondamentaux (Égalité sociale et citoyenne principalement),

3 - la phase du droit à l'indifférence et de la consolidation des acquis dans le puzzle sociétal de l'ensemble communautaire (ni maître arrogant ni serviteur maladif). Ainsi sans les complexes, les relations et les réalités sociales seront plus fortes et dynamiques pour un *Agir* commun fructueux pour les collectivités, les associations, les communautés et la nation dans son ensemble. Dans ce livre, après un bref décorticage du terme féodalisme ou féodalité, j'expose mon cheminement personnel de militant abolitionniste d'un registre individuel voire intime au registre collectif. Un exercice perturbant mais également palpitant à bien des égards, après mon premier livre *Mes Écrits Osés* publié en octobre 2022, ce présent ouvrage fait *focus* sur mon parcours personnel. J'y reprends en annexe quelques contributions du Blog et interviews accordées par différents intervenants.

Koundou Soumaré
Samedi 16 septembre 2023 à Paris (France)

● féodalisme (féodalité) d'hier à nos réalités d'aujourd'hui

Lors d'une fine *googlisation* sur la notion féodalisme (féodalité), deux définitions succinctes ont retenu notre attention, une tirée du site internet www.cnrtl.fr attribuée à Jaurès nous apprend "*Principe de soumission du vassal au suzerain sur lequel repose le système de la société féodale ; ce système économique, politique et social proprement dit.*" Dans le passage du féodalisme au capitalisme (Jaurès, Ét. soc.,1901, p. 156). La seconde définition du Larousse est la suivante : *Régime politique et social d'Europe occidentale du Xe au XIIIe siècle et qui reposait sur la constitution du fief.*

Ainsi à observer de près le féodalisme rime aujourd'hui dans certaines de nos communautés ouest-africaines hiérarchisées, avec un régime politique et social qui institutionnalise nos villages (fiefs). Osant schématiser d'une manière brute, les chefs coutumiers tiennent le statut de suzerain et les vassaux seraient nos autres composantes sociales assignées à diverses fonctions (métiers) ou - et statuts (identité sociale par héritage).

Un système de fonctionnariat au sein duquel, on peut citer les corps intermédiaires (les courtisans, les forgerons, les marabouts, les cordonniers, les griots, les bûcherons, les pêcheurs…) et les corps serviles (serviteurs et *esclavisés*[4]). L'entité territoriale (le fief village) sous la domination clanico-politique de la

---

[4] (Néologisme) Personnes réduites à l'esclavage, le terme « esclavisé » est utilisé pour souligner que l'esclavage n'est pas une condition « de naissance », un destin immuable, mais bien le résultat d'une exploitation – (Philippe Vion-Dury, Rémi Noyon, ''Face aux chocs écologiques'', 2020)

chefferie, est bien circonscrite et délimitée dans un ensemble de terroirs appartenant à une superficie aux confins connues et nommées (par exemple en pays soninké[5] : Guidimagha, Gadiaga, baxounou…). Dans l'imaginaire coutumier de nos communautés, en l'occurrence du cas soninké, le fief-village se veut un mini état avec sa substance fonctionnelle à travers une constitution tacite non écrite basée sur le système hiérarchique de castes. Un ensemble politico-coutumier qui construit et perpétue hermétiquement des privilèges matériels et immatériels de certains membres à côté d'autres ou plutôt au détriment d'autres.

Par conséquent notre féodalisme (ou la féodalité) d'aujourd'hui dans nos communautés définit relativement cette structuration politique et organisationnelle. Cette dernière est même voyageuse dans le temps et dans l'espace car en voyageant les individus restent assignés avec leurs statuts sociaux également, et l'ordre politico-féodal du fief-village peut se reproduire à Paris ou à Barcelone. Parmi des griefs significatifs à relever sur ce féodalisme contemporain intra-africain, il y'a l'esclavage par ascendance. Nos sociétés féodales sont généralement esclavagistes, et dans leur stratification pyramidale, on y trouve en bas de l'échelle, une couche sociale assignée statutairement servile.

Ainsi un féodalisme esclavagiste liant la tenure du foncier et une certaine subordination héréditaire et fataliste de la composante sociale historiquement *esclavisée*.

Nous mettons comme suit un élément descriptif tiré d'une contribution publiée le 10 novembre 2013 et reprise dans notre premier ouvrage **Mes Écrits Osés**

---

[5] Pays soninké composé d'ensembles territoriaux pouvant être transnationaux (par exemple Guidimagha au Mali et en Mauritanie)

paru en octobre 2022 : *L'exercice du système féodal sur les terres ; exemple type d'une famille féodale*

Une famille féodale possède généralement ses parcelles de terres fertiles issues du partage des terres entre membres du clan propriétaire du site villageois. Elle faisait fructifier ces terres avec la main d'œuvre exploitable à merci composée essentiellement des esclaves (personnes volées, achetées ou exploitées par misère sociale). Ces esclaves avaient droit à un misérable traitement consistant à quelques parties des parcelles qu'ils essayaient de mettre en valeur pour leurs familles pendant leurs disponibilités limitées pour eux-mêmes, c'est-à-dire les fins de journées ouvrables ou un jour spécifié (vendredi par exemple). Les principaux revenus de la famille féodale venaient des cultures et elle s'enrichissait par ce biais tout en entretenant son statut dans le clan. Elle se croyait dans son droit d'exploiter des personnes considérées (Esclaves) se basant à tort sur une certaine interprétation des préceptes juridiques islamiques par un autre groupe pilier du système féodal (les marabouts religieux « Modini »). Un semblant pacte entre ces marabouts religieux « Modini » et les clans féodaux constituait le socle du système. Les esclaves n'avaient pas droit à des parcelles par possession issues du partage des terres fertiles. Ce joug par le chantage des terres consistant à les rendre dépendant de leurs maitres avait fonctionné longtemps et continue dans certain sens. A voir de près, le système a presque pris fin sur son ancien modèle et de même que l'exploitation esclavagiste.

Il a surtout perdu son sens primaire dans l'optique où les anciennes possessions (personnes esclaves) pourraient être des potentiels propriétaires terriens dans un nouveau cadre organisationnel (Commune, Département, Région et État).

● Prise de conscience et mobilisation militante

Le régime féodal assoie des discriminations et des ségrégations parmi les membres d'une même communauté sociolinguistique. Un séparatisme rigide subi et (ou) voulu qui pré-case les personnes et les groupes de personnes avant leur naissance. Ainsi on naît noble et on naîtra « esclave » ou griot, forgeron etc. Et statutairement on hérite de la légitimité à gouverner (chefferie traditionnelle) pour certains et on fera comprendre implicitement à d'autres que la subordination sociale serait *un marqueur héréditaire* ou *une destinée qu'il faut accepter voire chérir.*

Cet écosystème sociétal ne peut perdurer en état dans notre monde interconnecté aux contours d'un village planétaire. Anciennement un système éducatif (initiation et l'apprentissage des contenus religieux) faisait partie des canaux de conditionnement social et de légitimation du puzzle sociétal.

Un enseignement mimétique peu ou pas propice à la réflexion et aux questionnements sur le fond organisationnel de la société. L'ordre maraboutique tenu comme un clergé féodal (détenteur des privilèges) avait un monopole sur cet enseignement qui allie fatalisme et moralisme. L'instruction publique par l'école moderne dans nos fief-villages a permis une certaine aération "intellectuelle" pour toutes les composantes sociales. Par ce biais d'influences extra les masses prennent conscience progressivement de la prégnance d'un ordre régalien qui est l'État moderne et ses différents pans de gouvernance (l'administration de proximité et la haute autorité).

L'ancien ordre féodal exerce des influences dans les rouages fonctionnels de l'État moderne pour préserver ses privilèges, mais d'autres mécanismes constituent un dynamique plaidoyer pour l'expression pleine et entière de la citoyenneté. Une prise de conscience citoyenne dans un pays constitutionnellement républicain et démocratique va permettre l'émergence d'une société civile active en termes de défense des droits fondamentaux (Égalité, Justice, Citoyenneté…).

Qui dit la promotion de l'ordre citoyen, s'inscrit frontalement contre l'ordre féodalo-réactionnaire et surtout contre sa pesanteur esclavagiste socialisée. Par ce présent effort sous un format mode opératoire propositionnel pour desserrer nos sociétés de l'emprise du féodalisme, nous allons distinguer deux ordres dans le champ du militantisme.

• Réflexes abolitionnistes (Initiatives individuelles et collectives)

~Initiatives individuelles

Comme nous l'avons déjà noté, le féodalisme dans nos communautés a, sa pesanteur esclavagiste socialisée qui sévit affreusement sur une partie de la société. Ainsi la structure féodale d'un régime clanico-politique connaîtra inévitablement des secousses de remise en question avec l'éveil abolitionniste et antiféodal. Individuellement, des personnes assignées dans cet esclavage par ascendance qui ont su s'en défaire et subirent un certain isolement social voire un bannissement au sein du fief-village. L'ordre régnant de ce fief-village se définit dans son fonctionnement comme de droit divin, et tout questionnement contestataire y est très mal accueilli. Malgré l'ascendant psychologique et social qu'il exerce, des libertés sont gagnées lentement mais sûrement. Et des hommes décident de vivre avec une notable bravoure en sortant d'un certain parasitisme social les liant à une famille féodale (ou à un clan féodal). Ces hommes cessent d'habiter « la personnalité esclave » dans le marquage *assagnatoire* du schéma communautaire. Ils méritent une mention spéciale dans le carnet de l'Histoire de ce laborieux abolitionnisme naissant. Eux, qui ont été taxés et indexés de « komo libertés » (sobriquet et railleries en langage soninké pour nommer ceux qui refusent l'assignation sociale d'esclaves). Avant d'entamer la partie consacrée aux initiatives collectives dans la lutte abolitionniste et antiféodale, je tiens à rendre hommage à ces braves gens anonymes pour beaucoup mais devenus références d'inspiration et de motivation pour l'engagement collectif enclenché plus tard. Par ailleurs je joins ci-dessous un résumé historique de mon cheminement de militant abolitionniste :

Dès l'adolescence j'ai eu mes premiers signaux d'éveil et de questionnements sur un certain langage commun contenant des termes crus très connotés liés à l'esclavage coutumier dans mon village soninké du Guidimagha, Dafort (Sud mauritanien).

À titre d'exemple de ce verbiage esclavagiste, je peux citer « komolenmé » au pluriel « komolenmou » (fils d'esclaves ou enfants d'esclaves), les neufs 9 (comprendre ceux qui n'arrivent jamais au 10 censé représenter la noblesse) et « komonkani » (quartier d'esclaves). Ainsi je subissais cette réalité très lourde et mon environnement familial ne se questionnait pas plus. Je reste dans la norme globale d'un fonctionnement communautaire qui ne présentait pas grand-chose de stimulant pour un éveil antiesclavagiste. Je suis mon parcours scolaire jusqu'à l'université de Nouakchott avec un Deug d'anglais à la sortie. Mon premier heurt frontal avec un monsieur apologiste d'esclavage est arrivé en 2003 aux alentours d'une fourrière aux vaches. Ce jour correspondait à la fête de fin du mois de Ramadan, plusieurs groupes de personnes étaient présents pour attraper leurs bœufs pour le partage de la viande lors de cette fête. Cette personne (issue de la caste dite nobiliaire) avait lancé un mot de défi à une autre personne (un cousin lointain du côté de mon père), lui disant qu'il ne pouvait pas attraper un bœuf, lui "une espèce de fils d'esclaves". Ma réaction avait été vive en lui rétorquant qu'il n'a pas d'esclaves ni même son père ne pouvait en avoir.

Les gens autour nous avaient séparés pour éviter une bagarre certaine. Un coup d'éclat me valant un étiquetage social comme un rebelle contre l'esclavage coutumier. Par la suite le régime de tabous couvait cette réalité socialisée dans ma communauté à l'intérieur du pays comme à l'extérieur. En France depuis 2004, j'y ai constaté que la gestion des caisses communautaires est problématique et que les coutumes porteuses des restes comportementaux et discursifs de cet esclavage sociétal sont de plus tenaces. À travers une certaine diaspora militante mauritanienne, je trouve un cadre propice à participer et à exprimer mon engagement anti-esclavagiste. Sur 2 volets , l'un en intégrant l'association Armepes-France (Association des Ressortissants Mauritaniens pour l'Eradication de la Pratique de l'Esclavage et ses Séquelles) et l'autre par un activisme communicationnel dans les réseaux sociaux (principalement Facebook à partir de 2009), la rédaction de mon premier article sur la problématique en septembre 2013, repris par quelques sites Web et un journal format papier en Mauritanie (La Nouvelle Expression) et la création de mon blog militant en 2014 https://soninkideesjose.wordpress.com/. Actuellement je suis membre de l'organe exécutif d'Armepes-France

(Association mère du mouvement Abolitionniste Ganbanaaxu Fedde depuis 2016). Mon blog sert de relais d'information et d'alerte sur les événements d'atteinte aux droits de nos camarades et partenaires militant.es dans nos pays d'origine.
Également une vitrine ouverte et gratuite pour la promotion des droits humains et en particulier l'engagement abolitionniste.

~ Initiatives collectives

Dans la région de Kayes au Mali, d'entités villageoises nommées "Villages de liberté" y furent fondées au temps de l'administration coloniale française selon diverses sources. Les personnes ayant constitué ces localités seraient d'anciens esclavisés (libérés) et/ou d'individus qui quittèrent d'autres localités pour éviter l'asservissement. Et c'était aux débuts des années 1900, on apprend que les autorités coloniales (propices à une dynamique abolitionniste) avaient beaucoup concouru à l'établissement de ces zones de liberté. Je citerai à propos le cas particulier du village de Boullagui (Région de Kayes). En octobre 2021 durant notre voyage de formation au plaidoyer organisé dans le cadre du programme EMiFo (Esclavage et migrations forcées dans l'Ouest du Mali) sous la direction de la chercheuse Dr Marie Rodet et ses partenaires universitaires, j'avais fait une rencontre à la fois instructive et émouvante avec une dame d'un certain âge ressortissante de Boullagui. De nos riches échanges à Bamako (dans la journée du 21/10/2021), j'en ai tiré un billet de témoignage dans mon blog en date du 9 novembre 2021.
Titrée *La Mémoire de la tante Hawa Cissoko de Boullagui,* la contribution est la suivante : *Ici notre tante et mère Hawa Cissoko rencontrée au Mali lors de*

l'événement Atelier de formation au Plaidoyer du programme Esclavage et Migrations Forcées – EMiFo. Âgée d'à peu près 70 ans, elle est originaire du village de Boullagui. Ce village est un village-Liberté comme quelques-uns dans la région de Kayes. Des villages historiques fondés par des communautés qui refusèrent la servitude esclavagiste dans d'autres localités. Selon son témoignage recueilli dans nos échanges très touchants, leurs ancêtres sous le joug esclavagiste quittèrent en pleine nuit un autre village des environs pour aller débroussailler et occuper l'endroit du site actuel du village Boullagui. Un autre ressortissant du village, l'enseignant Waly Traoré nous apprend que cet événement marquant la révolte fondatrice de leur libération historique, se serait passé dans la nuit du 10 juillet 1914.

À l'époque, l'ordre colonial français régnait dans la zone, on dirait que les autorités d'antan essayaient plus ou moins avec leurs intérêts mis bien à l'abri certainement, de pencher davantage vers les libérations des esclaves dans la zone. Aujourd'hui après plus d'un siècle de cette période et 60 ans après nos indépendances, nos propres autorités traînent à nommer et à éradiquer un phénomène qui a un prolongement sociétal et temporel facilement détectable dans nos différentes communautés. L'histoire de ce village est relatée dans le film documentaire réalisé par Dr Marie Rodet les Diambourou https://vimeo.com/245704895 .

Par cet exemple symbolique de Boullagui, on peut y trouver l'ancrage historique d'un éveil anti-esclavagiste et abolitionniste collectif. Ainsi est enchâssée une transition vers des initiatives collectives. Moi, natif de Dafort (dans le Guidimagha mauritanien) rencontrant cette femme héritière d'une révolte anti-esclavagiste du passé (au Mali), je saisis l'ampleur de la dynamique collective abolitionniste en cours ces dernières années dans notre communauté. À présent, nous allons aborder le cadre associatif, c'est-à-dire investir le champ légal pour donner une certaine officialité à la lutte abolitionniste et antiféodale. Ainsi la convocation du droit est nécessaire pour définir pertinemment la substance de la problématique (ses tenants, ses aboutissants et ses subtilités) dans le corps social. Ce phénomène substantiel à une certaine structuration sociale dans nos communautés, ne peut être éradiqué suffisamment sans un arsenal juridique extérieur puissant (de l'ordre étatique moderne). En Mauritanie, la première loi abolitionniste date seulement du 9 novembre 1981 sous le règne du président Mohamed Khouna Ould Haidalla (1980 – 1984). Il s'agit de l'Ordonnance n° 81-234 du 9 novembre 1981.

Après nous avons eu tardivement la criminalisation de la pratique en 2007 sous l'ancien président Sidi Ould Cheikh Abdallahi, et en 2015 la loi 2015-031 est promulguée en remplacement de celle de 2007. La pratique est juridiquement qualifiée de crime contre l'humanité et surtout devient imprescriptible. Il est de coutume par une approche analytique simpliste au sein de certains peu avertis des données globales et subtiles sur le phénomène, qu'on se laisse happés par un prisme binaire racial "maures blancs esclavisant maures noirs" en Mauritanie. Et pourtant il existe bien un fait féodalo-esclavagiste ou du moins féodalo-conservateur transcommunautaire dans ce pays trait-d-union entre le Maghreb et la partie occidentale de l'Afrique subsaharienne. En milieux soninkés, le tocsin abolitionniste massif a tonné sérieusement à Sélibaby

(Guidimagha) lors de la journée[6] du 6 mars 2017. Un événement public sous l'égide des autorités étatiques mauritaniennes dans l'engagement anti-esclavagiste, et cette occasion n'aurait pas eu lieu sans la forte mobilisation collective enclenchée par la création du forum de sensibilisation Ganbanaaxun Fedde sur le réseau social WhatsApp le 5 octobre 2016 par monsieur Gaye Tene Traoré (à l'époque secrétaire général l'association Armepes-France). Nous pouvons constater le retard accusé en matière de militantisme anti-esclavagiste et antiféodal dans la communauté soninké par rapport à la première loi d'abolition de 1981. Les associations Amees, Uvds et Armepes-France toutes initiées par des responsables issus de la communauté soninké, ont su créer une synergie positive sans précédente pour mobiliser massivement. La note d'information du 21 mars 2017, écrite à l'époque dans notre Blog qui va suivre en reprise, est une source de témoignage notable : *L'événement organisé à Selibaby par l'AMEES (Association Mauritanienne pour l'Éradication de l'Esclavage et ses Séquelles) et ses partenaires du forum Ganbanaaxun Fedde, à l'occasion de la journée nationale de l'antiesclavagisme en Mauritanie, a mobilisé un grand public dans le Guidimagha.*

Alertés et sensibilisés, plusieurs ressortissants sont venus de différentes localités villageoises majoritairement soninké pour assister à cet événement qui n'a pas de pareil dans les annales du Guidimagha mauritanien. L'oral inaugural a été assuré par Monsieur Yacoub Fofana, l'actuel proviseur du lycée de Selibaby. Dans son exposé, il a rappelé que les pratiques esclavagistes sont proscrites par l'islam et

---

[6] La journée nationale de lutte contre les pratiques de l'esclavage en Mauritanie, instituée en 2016

que les hommes sont égaux au regard des lois mauritaniennes également. Sur l'approche de la compréhension de l'esclavage statutaire ancré dans le corps sociétal soninké, M. Fofana semble être en décalage par rapport à l'engagement ferme du public d'en face. En effet il s'est exprimé contre ceux qui assimilent les rapports coutumiers d'usage entre les descendants d'esclaves et leurs anciens maîtres à des vestiges esclavagistes. Ce son de cloche n'a obtenu aucun écho auprès des participants qui attendaient autre chose qu'une telle sortie pour qui connaissant la société soninké. Cette rencontre tenue au sein de l'enceinte de la Maison du Guidimagha, a été honorée par la présence d'un représentant du gouvernorat.

La délégation de l'AMEES venue de Nouakchott est composée de Monsieur Foussenou Ndiaye, Monsieur Diadie Bamby Coulibaby entre autres sous la direction du doyen, l'infatigable et l'historique combattant Monsieur Ladji Traoré. L'association UVDS (Union des Volontaires pour le Développement de Soninkara), a dépêché une délégation conduite par son président Yacoub Bakhayokho. Également IRA-MAURITANIE a participé à cette journée historique et inédite dans le Guidimagha, par la présence de 2 personnalités de premier plan, Madame Coumba Dada Kane et Monsieur Balla Touré. Ce dernier lors de sa prise de parole très instructive, a interpellé les participants sur la nécessité d'intégrer la gent féminine dans le combat antiesclavagiste. Il a fait remarquer que malgré les efforts reconnaissables du gouvernement, des militants anti-esclavagistes sont ceux qui subissent toujours des injustices dans le cadre de leur activisme pacifique. Ce jour, l'arsenal juridique contenu dans la loi 2015-031 a été expliqué longuement devant l'assistance.

Le moment de témoignages a été le plus émouvant de la rencontre. En effet plusieurs intervenants ont rebondi sur les rapports coutumiers qui perpétuent l'esclavagisme statutaire en milieu soninké. Le système de castes qui régit hermétiquement la cité soninké, est arrimé à des assignations rétrogrades et féodales qui privent les personnes d'extraction sociale dite esclave des prétentions statutaires dans le matériel et l'immatériel communs (le foncier sous régime féodal, exclus des chefferies coutumières basées sur l'âge, exclus de la direction de l'exercice du fait religieux même avec les compétences acquises et les clichés sobriquets déshonorants).

Parmi les différentes interventions, la question foncière y ressort incessamment. On y dénonce le régime féodal d'un autre âge par lequel les personnes d'extraction sociale dite servile de la société stratifiée, subissent divers chantages. Certains segments féodaux de la communauté soninké du Guidimagha font fi de la loi foncière de l'état Mauritanien au profit d'un droit coutumier qui fait des certaines personnes d'éternelles subalternes soumises aux caprices des certains « propriétaires terriens » exclusivistes.

La journée du 6 Mars 2017 fera date dans le difficile cheminement de l'activisme antiesclavagiste dans le guidimagha mauritanien. Les mentalités féodales et esclavagistes qui structurent le Vivre soninké sous le régime sournois de LADANI [7] feront face à une large conscientisation des personnes assignées socialement, religieusement et politiquement dans des statuts subalternes. La devise de la campagne serait : LES LOIS VALENT PLUS QUE LES LADANI

---

[7] Un ensemble des rapports sociaux et fonctionnels entre les castes sociales, et surtout les liens d'une perpétuation de la subordination sociale pour la composante assignée statutairement « servile »

Crédit source : *rapports des participants (AMEES, UVDS, Armepes-France et tiers)* - *https://soninkideesjose.wordpress.com/2017/03/21/reto ur-sur-la-journee-du-6-mars-2017-a-selibaby-photo-reportage/*

Cet éveil abolitionniste porté par le mouvement Gambanaxun Fedde a marqué énormément les esprits par le dynamisme insufflé aux associations déjà existantes timidement au sein du microcosme droit-de-l'hommiste mauritanien. Les localités soninkés du Guidimagha ont été atteintes comme jamais par le passé, par une libération sans complexe de la parole anti-esclavagiste et antiféodale. C'est dans le sillage de cette prise de conscience collective du côté mauritanien, qu'il faut comprendre l'émergence d'initiatives similaires parmi de militants abolitionnistes soninkés au Mali (Rmfp [8]), au Sénégal (Assep [9]) et en Gambie (Gambanaaxun Fedde Gambia). L'élan de sensibilisation devenant transnational, la problématique et la médiatisation agissante au sein de communautés soninkés, ont attiré l'attention de différentes autorités étatiques. D'éléments de langage changent sensiblement sur des réalités sociales qu'on croyait dociles et consensuelles. Ainsi, traditions, coutumes et us renferment "autres choses" qu'une lisse perpétuation d'un agencement de dites valeurs ancestrales et civilisationnelles. L'esclavage par ascendance et d'autres restes comportementaux et discursifs anormaux sont mis au grand jour devant l'opinion nationale et internationale. Résilients et déterminés, les militants abolitionnistes soninkés tiennent à un vif plaidoyer auprès des pouvoirs publics pour l'application des lois en la matière et convoquent la primauté de l'ordre

---

[8] Rassemblement malien pour la fraternité et le progrès

[9] Association des soninkés du Sénégal pour l'égalité et le progrès

citoyen et étatique sur l'ordre féodalo-réactionnaire intra-communautaire. Malgré des tâtonnements complices constatés chez certains cercles administratifs et judiciaires, la substance de la problématique est indexée et accablée au cours de différents cas portés devant des tribunaux. L'engagement collectif a été un levier décisif pour une large compréhension et la prise en compte du phénomène d'esclavage sous cette nature diffuse et subtile qui sévit affreusement au sein du corps social soninké. Et surtout des dynamiques actions de plaidoyer dans les diasporas et à l'intérieur de nos pays, il serait illustratif de reprendre une contribution publiée le 5 novembre 2021 https://soninkideesjose.wordpress.com/2021/11/05/%e2%9c%93un-apercu-descriptif-sur-notre-quinzaine-de-jours-au-mali-pour-levenement-emifo-atelier-de-formation-au-plaidoyer-notes-videos-et-photo-reportage/ sur l'activité de recherche et action du programme EMiFo (octobre 2021 au Mali) avec la participation active de militants anti-esclavagistes soninkés : *C'est dans le cadre du programme de recherche-action Esclavage et Migrations Forcées – EMiFo sous la direction de la chercheuse-historienne Dr Marie Rodet de SOAS Université de Londres via un consortium universitaire et d'ONG, que s'inscrivent ces activités impliquant différents intervenants. Militants anti-esclavagistes locaux et ceux de la diaspora, société civile, journalistes, blogueurs, représentants traditionnels et corps administratifs. L'esclavage par ascendance historiquement sous le sceau d'un tabou, est aujourd'hui un phénomène touché à vif publiquement. Une prise de conscience d'une certaine ampleur grâce à la mobilisation militante courageuse enclenchée depuis 5 ans par le mouvement GAMBANA notamment dans les milieux soninkés en Afrique de l'Ouest et les diasporas.*

Ainsi cette action de formation au plaidoyer organisée du 18 au 22 octobre 2021 à l'USJPB (Université des Sciences Juridiques et Politiques de Bamako) de Bamako, visait une mise à jour en techniques de plaidoyer pour les différents acteurs-cibles afin de permettre plus d'efficacité et de réussite dans l'engagement militant contre l'esclavage par ascendance. Après la riche et instructive semaine bamakoise, un Forum de 2 jours (26 et 27 octobre 2021) à Kayes sous le patronage administratif du gouvernorat a permis de produire un document-synthèse des 16 recommandations...Lire
https://soninkideesjose.wordpress.com/2021/10/30/%e2%9c%93forum-de-kayes-du-26-et-27-octobre-2021-les-principales-recommandations-remises-aux-autorites-regionales/ . *La délégation GAMBANA de la diaspora est composée du président d'Armepes-France Mr Gaye TRAORÉ, l'initiateur du forum Gambanaaxu Fedde (le 5 octobre 2016) et 2 membres de son bureau exécutif Aboulaye TRAORÉ et Koundou SOUMARÉ, de Madame Hassa KONATE (RMFP Gambana-Mali) et de cheikh Adama BATHILY, un lettré Juste militant contre les coutumes esclavagistes dans la communauté soninké.* Par ailleurs, ce cadre associatif a permis diverses connexions avec d'autres ONG engagées (la société civile) dans la défense des droits humains. Les institutions para étatiques (CNDH, Commissariat aux droits de l'homme...) ont également été régulièrement saisies par les militants sur des graves violations des droits humains liées au phénomène. En Mauritanie, naturellement le mouvement de l'Initiative pour la Résurgence Abolitionniste (IRA) du leader droit-de-l'hommiste Biram Dah Abeid et ses camarades, a été d'un support conséquent dans cet engagement. Du côté malien, je fais mention de l'activisme très observable du Mouvement pour la sauvegarde des droits de l'homme

(MSDH) de monsieur Boubacar Ndjim sur des violences graves subies par des militants anti-esclavagistes soninkés.

Désormais, c'est d'une évidence notable, la mobilisation collective a changé la nature (fond et forme) de cet engagement anti-esclavagiste. Un adage populaire dit : « *seul on va vite mais c'est ensemble qu'on ira loin* », ainsi le collectif au niveau national et transnational a donné beaucoup de vigueur et de visibilité à la lutte antiféodale.

Sur le plan politique du côté mauritanien, cette dynamique collective a impacté d'une certaine manière par effet de projection les données du terrain. Un militant abolitionniste avisé aura nécessairement une approche politique plus regardante sur les enjeux et les positionnements sur l'échiquier politique. Ainsi la première connexion visible entre militants encartés abolitionnistes soninkés et une personnalité politique d'envergure nationale, je la remonte en octobre 2014. C'était précisément le 18 octobre 2014 avec la rencontre entre Biram Dah Abeid et les militants d'Uvds (Union des Volontaires pour le Développement de Soninkara). Le leader d'IRA-Mauritanie était arrivé deuxième aux présidentielles de la même (juin 2014), et le président Yacoub Bakhayokho (Uvds) et ses camarades ont pu exposer les problématiques liées au phénomène d'esclavage en milieu soninké. À l'occasion, monsieur Dah Abeid avait fustigé en de termes vifs les féodaux et le féodalisme en milieux négro-mauritaniens.

Un communiqué d'annonce publié sur le site internet cridem est le suivant : "*UVDS - Dans le cadre de ses activités inaugurales, le mouvement UVDS (Union des volontaires pour le développement de soninkara) composé des jeunes victimes des séquelles esclavagistes et féodales au sein de la sphère communautaire soninké, organise une rencontre avec monsieur Biram Dah Abeid président d'IRA-MAURITANIE (Initiative pour la Résurgence Abolitionniste) ce samedi 18 octobre 2014.*

Lieu : la salle de mariage Douniya à Sebkha Nouakchott à partir de 16h GMT. À cet effet tous les engagés et sensibles soninké et d'autres à la cause anti-esclavagiste et contre les mentalités féodales sont invités à cette initiative inédite pour l'émergence d'un nouveau "Nous Soninké".

Bakary Diarra, *chargé provisoire de la cellule communication UVDS*
Nouakchott, 17 octobre 2014" - https://cridem.org/C_Info.php?article=662175%C2%A0

Par la suite, on pourrait dire qu'une alliance tacite s'était nouée entre le militantisme abolitionniste soninké d'Uvds et l'engagement politique du président Biram Dah Abeid. Un cheminement étroit qui peut expliquer la nomination en 2021 de monsieur Yakhoub Bakhayokho au poste de secrétaire général du parti RAG (Refondation pour une Action Globale) non reconnu à ce jour, regroupant l'aile politique d'IRA-Mauritanie.

Une expression politique inédite a jailli dans les données électorales notamment dans les localités soninkés du Guidimagha. L'abolitionniste Biram Dah Abeid qui investit l'arène politique attire naturellement des masses populaires sensibles à la cause anti-esclavagiste. Et c'est dans ce sillage qu'on peut insérer la dynamique politique de ce que Biram Dah Abeid appelle l'opposition droit-de-l'hommiste. En 2018 lors des élections générales (municipales, régionales et législatives), en 2019 (les présidentielles) et en 2023 pour les élections générales encore, une mobilisation très observable a eu lieu autour des candidatures et la candidature de Biram (les présidentielles) au Guidimagha. On dira qu'il n'y a pas eu un grand succès d'emblée pour ces candidatures inédites dans le champ politique historiquement verrouillé par certains barons locaux (occasionnellement acquis aux ordres du féodalisme communautaire) et suppôts du pouvoir.

Cet électorat encarté droit-de-l'hommiste qui s'est constitué dans les calculs électoraux au sein des localités communales et autres, a permis l'élection de quelques conseillers municipaux et d'un maire (pour la commune de Diogountouro) lors des dernières élections générales (13 et 27 mai 2023). Le maire dans cette nouvelle commune est le professeur de français Bacary Diarra (anciennement chargé de communication d'Uvds).

L'imbrication entre ce militantisme droit-de-l'hommiste et l'engagement politique et politicien, a ses pièges qui peuvent provoquer des frictions entre ambitions personnelles, stratégies collectives et soupçons d'exploitation des causes. Je pense que les deux ordres peuvent être complémentaires par un pragmatique et intelligent alliage qui prendrait en compte les réalités du terrain politique *vif* à investir (stratégies de campagne, accords électoraux, objectifs clarifiés…) avec transparence, ouverture et loyauté.

J'y joins ma contribution publiée le 6 avril 2023 à propos, titrée *Gambanaaxu Fedde, quel sens (sans) politique ? :*

Je vais tenter de répondre en simple militant à certains questionnements ponctuels qui surgissent en coulisses et j'en ai été saisi par moments surtout par les temps électoraux qui courent. Moi, je dirais que comme le mouvement EL-HOR [10]dans le passé et d'autres par la suite, le mouvement Gambanaxu (éveil social antiféodal ou régime associatif) n'est aucunement une instance politique organique d'une telle ou telle obédience. En revanche, en citoyens avertis et « wokés », les militants et sympathisants Gambanaaxu peuvent être politiques ou politiciens à toutes les échelles (communale, départementale, régionale ou nationale) à travers différentes structures politiques selon leurs convictions et leurs affinités programmatiques. Ainsi, je crois que toutes gesticulations et activisme initiés personnellement ou collectivement allant dans le sens d'une exploitation politicienne du mouvement, ne peuvent être fructueux ni hier ni aujourd'hui ni demain non plus.

Sans se tromper, je suis et reste convaincu que Gambanaaxu a une émanation dans le sillage des OSC (organisations de la société civile), les politiques ou politiciens peuvent s'approcher d'elles ou les consulter en toute transparence. Et le mouvement comme entité revendicative et droit-de-l'hommiste, peut soumettre des doléances, saisir et interpeller des mouvements ou des personnalités politiques sur des problématiques particulières ou globales d'intérêt public. Lors de la présidentielle de 2019 en Mauritanie, un mémorandum avait été formalisé et destiné aux différents candidats en lice, lire *https://m.facebook.com/story.php?story_fbid=2304865 596404081&id=1473902619500387*

S'il y avait un électorat encarté Gambanaaxu à convoiter ici et là, ce serait aux partis politiques de le

---

[10] Une organisation née le 5 mars 1978 pour lutter en vue de la libération des esclaves et l'émancipation des harratines de Mauritanie

faire ou pas avec clarté et responsabilité, et aucun membre, cadre ou doyen Gambanaaxu ne doit aller « s'engraisser » en crédit ou en légitimité personnelle pour de velléités carriéristes de plus très hypothétiques. Nos partis politiques ou sympathies politiciennes sont des espaces ou des voix (voies) adéquats et aérés pour faire valoir nos ambitions politiques collectivement ou individuellement. La Cause Gambanaaxu et ses idéaux dépassent, en termes de vision, nos petits agendas politiciens et d'autres suspectes motivations irruptives aux relents individualistes.

Voilà, ici mes brefs éléments de réponse, en mon propre nom de simple militant.

Il faut une nécessaire dissociation entre les motivations intimes que chaque militant ou groupe de militants exprime entre ce qui relève de la dynamique société civile et ce qui a trait purement pour ne pas dire *pirement* à l'exploitation politicienne.

~ Ces violences perpétrées par des tenants extrémistes de l'ordre féodalo-réactionnaire :

L'insoumission a valu un lourd tribut pour les milieux abolitionnistes soninkés. Dans le passé l'élément éveillé contestataire était raillé et isolé par la masse suiviste de l'écosystème féodalo-réactionnaire, et l'émergence d'une dynamique collective abolitionniste a eu d'autres rudes réactions. Ainsi pour contrer les voix (voies) anti-féodalité, le régime féodalo-esclavagiste soninké a schématiquement opté par 3 niveaux :

1 - Les adeptes de la violence physique

Ici je note en premier, le lynchage criminel à Djandjoumé[11] (Région de Kayes) de 4 pères de famille dans la nuit du 1 septembre 2020. Une référence communicationnelle sur le blog lors du procès à Kayes, suit ci-jointe :

L'assassinat de 4 militants anti-esclavagistes soninkés de Djandjoumé en septembre 2020 | L'ouverture d'une session spéciale de la cour d'assises de Kayes.

L'existence de l'esclavage par ascendance en milieu Soninké est avérée comme une montagne imposante à l'horizon. Le narratif du déni peut être tourné dans tous les sens par des esprits peu sincères et adeptes d'une perpétuelle fuite en avant, mais les faits dépassent parfois ce qu'on croit savoir du phénomène. Les faits, ça commence par cet éveil massif porté par Gambanaxu Fedde depuis plusieurs années qui interroge un ordre sociétal organisationnel qui se sait discriminatoire et ségrégationniste à travers le système hermétique des castes. Ce refus consciencieux de l'infériorité sociale par ascendance (le ladalenmaxu), et les conséquences agressives venant d'un makhzen réactionnaire au sein de la communauté soninké. Ici on expulse, là on met une quarantaine sociale, l'autre bord on accuse fallacieusement, par endroits on exproprie, on agresse et on laisse faire l'irréparable en assassinant certains militants anti-esclavagistes. J'aborde le cas de feu l'oncle Mountagha Diarriso et ses camarades (paix éternelle à leurs âmes de martyrs) de Diandioumé. Dans ce village Soninké dans la région de Kayes, dans la nuit du 1 septembre 2020, les extrémistes féodalo-esclavagistes sur place ont organisé une vendetta

---

[11] Village soninké au Mali situé dans le cercle de Nioro du Sahel

criminelle contre les familles qui se sont libérées des coutumes esclavagistes du lada Soninké. 4 pères de famille de 42 ans à 71 ans (Mountagha Diarriso, Hamet Sissoko, Youssou Sissoko et Gossi Sissoko) ont été lynchés à mort et plusieurs blessés parmi les rescapés. Notre tante Sokhona Diakhité grièvement atteinte, est décédée en juillet 2021 par la suite, lire https://www.ohchr.org/fr/2020/09/un-human-rights-experts-urge-mali-end-slavery-once-and-all?LangID=F&NewsID=26219 .

En octobre 2021 lors de la visite de notre délégation à Nioro auprès des rescapés, monsieur Borou Sissoko (blessé et sauvé miraculeusement lors de l'attaque) m'avait appris que leurs familles étaient contraintes d'aller travailler aux champs de leurs maîtres jusqu'à courant 2018. Il a précisé que sans la journée de travail, ils devaient s'acquitter d'un montant d'argent de compensation. Actuellement à Kayes avec sa famille (Sissoko) et les rescapés de la famille Diarriso, dans nos derniers échanges hier soir (23-02-2023), il se dit motivé en ayant espoir à la justice pour dire et appliquer le Droit.

Ici l'expression renouvelée de mon soutien et ma disponibilité à mettre des mots à l'endroit de l'opinion nationale et internationale via mon espace médiatique, le Blog dont le visuel porte depuis septembre 2020 les initiales M-G-Y-H de martyrs et la date inoubliable 1-9-20.

Cette horreur innommable nous montrait à quel point l'extrémisme violent était ancré dans les réflexes réactionnaires de tenants privilégiés du système féodal soninké. Dans différentes localités, des cas de violences graves ont été relevés ayant trait directement ou indirectement à la problématique de l'esclavage par ascendance intra-communautaire. D'une manière sommaire et non exhaustive à citer quelques localités ayant défrayé l'actualité : Dafort (ma ville d'origine en Mauritanie), Bafrara, Lany, Toudou, Kherwane, Bakhamabougou et Tessibi (Mali).

2 - Les adeptes des violences sociales et psychologiques

Sont logés dans ce registre, mise en quarantaine sociale, boycott, expropriations du foncier, intimidations administratives et judiciaires, accusations fallacieuses, insultes apologétiques de l'esclavage, accaparement des caisses communautaires, diffamations et diverses privations. Les principaux instigateurs qui agissent d'une manière décomplexée, ont investi les réseaux sociaux. Plusieurs plateformes numériques ont surgi dans l'objectif de contrer l'éveil abolitionniste. Des réactions provocatrices à travers un narratif mensonger et haineux qui a mobilisé en coulisses les relais locaux du système et a été incitatif directement et indirectement aux violences physiques.

Certains types désœuvrés qui vivent d'un parasitisme sociétal au cœur de l'écosystème féodalo-réactionnaire, assurent le show anti abolitionniste de diverses manœuvres. Le système est magnifié et la "personnalité esclave" statutaire est valorisée sans complexe. Par ce biais narratif réactionnaire, une bulle communicationnelle s'est constituée pour brouiller et dénaturer l'appel visionnaire porté par l'éveil abolitionniste dans la communauté. C'est le terreau propice à l'expression du fond psychologique des mentalités féodales et esclavagistes, en un mot le complexe de supériorité.

3 - Les suppôts planqués d'un activisme idéologique réactionnaire

L'écosystème féodalo-esclavagiste soninké en réaction à l'éveil abolitionniste, s'est muté en ethno-nationalisme diffus. Diverses initiatives émanant d'éléments issus de l'aristocratie féodalo-communautaire ont surgi pour saboter et contrer la dynamique militante enclenchée collectivement à travers l'éveil Gambanaaxu. Entre duplicités et ambiguïtés, certaines voix se disent contre l'esclavage par principe mais au fond elles restent statiques sur l'idéologie de la hiérarchisation dans la vie socio-politique intra-communautaire. Ce groupe fourre-tout peut être divisé en plusieurs profils : extrémistes silencieux, progressistes hésitants, complexés apeurés, prêcheurs fatalistes et les autres. Parmi leurs rangs, on y trouve ceux qui sont prompts à accabler les militants abolitionnistes à la moindre occasion avec un narratif bien rodé « vos méthodes sont mauvaises mais la cause est juste ». Il y en qui tiennent malgré eux parfois, comme une caution incitative pour ceux qui s'adonnent à des graves violations de droits humains dans les localités. D'ailleurs certains parmi ces groupes servent de conseillers en coulisses aux tenants de groupes réactionnaires extrémistes et apologistes actifs dans les réseaux sociaux. Et leurs identités intellectuelles sont très larges, d'un illettré intéressé faussement quiétiste au docteur multiple mastérien, ils éprouvent diversement une certaine gêne face aux réalités mouvantes provoquées par l'engagement anti-esclavagiste. Ainsi c'est ce camp des ambiguïtés qui cause troubles et constitue un carburant invisible de la conflictualité.

~ Mes espoirs et mes rêves :

J'ose croire à jamais que le Soninkara d'avant le 5 octobre 2016 (date de la création du forum Ganbanaaxun Fedde par M. Gaye Tene Traoré), n'est plus aujourd'hui. L'engagement humaniste et le refus de

toute humiliation sur un élément social soninké doivent être un tronc commun fédérateur de notre chère communauté. Pour y arriver, une identité commune soninké doit émerger nécessairement en remplacement de la vieille fixation obsessionnelle liée au système de castes. C'est mon rêve, une dynamique progressiste résolument trans-castes épousera à terme les idéaux d'égalité sociale prônés par le mouvement social Ganbanaaxun Fedde. Au temps d'un regain anti-impérialiste et souverainiste dans nos pays, nos communautés en intra ne peuvent pas échapper à une "*Passion de liberté*" à travers des mini révolutions individuellement et collectivement. Un panafricanisme de masse ne peut être fructueux et efficace que si cohérence et profondeur y président. Le journaliste mauritanien issu de la communauté soninké, M. Seyré SIDIBE, explique pertinemment un parallèle entre féodal africain et impérialiste étranger dans un article titré « Le panafricanisme dévoyé », un extrait :
« *Portrait croisé : féodal et impérialiste étranger*

In fine, le féodal qui prétend être panafricaniste alors qu'il se glorifie d'être propriétaire d'esclaves parmi ses « frères Noirs » qu'il considère comme des sous hommes, impurs et issus de la mauvaise graine est pire que l'envahisseur étranger. L'impérialisme porte le même visage qu'il soit étranger, Blanc, Arabe ou Noirs, il est suprématiste, il exploite à merci les dominés réduits au statut de sujets et de « non personne » et perpétue la même culture hégémonique et raciste. » Aux adeptes qui soutiennent un principe de droit du sang pour maintenir une certaine domination clanico-politique par le statut filial, nous leur dirons, c'est une logique d'un hors-sol mesquin à revoir sincèrement.

Eux qui acceptent mariage avec d'autres peuples sous d'autres cieux, et paradoxalement se l'interdisent dans la communauté entre différentes couches par complexe suprématiste. Et aux accrocs d'un parasitisme sociétal, il est intéressant de leur rappeler que la culture de courtisanerie n'assurera jamais une commune élévation sociale et intellectuelle. L'homme africain du XXIe siècle n'en a pas besoin. Soninkara et ses fils visionnaires sauront trouver le tempo et les leviers idoines afin de se débarrasser de ces pesanteurs mentales et comportementales qui bloquent toute émulation collectivement multidimensionnelle. On peut y croire, nous y arriverons tous ensemble. L'ensemble communautaire soninké (soninkara) en a urgemment besoin et une certaine intelligentsia si expressive sur les questions dites culturelles et « identitaires » doit se libérer de certaines fiertés toxiques et ridicules à nos jours, et se hausser intellectuellement aux défis posés avec courage.

La langue soninké vient d'avoir sa journée internationale (25 septembre) par l'Unesco. Une très belle promotion à saluer pour une langue logée parmi celles de faible portée universelle. L'information a été accueillie d'une manière jubilatoire par certains milieux culturels (associatifs) et suppôts tacites de l'ancien ordre communautaire. Eux, qui, généralement ont la "réputation" d'être très silencieux sur les graves violations des droits humains liées à l'esclavage par ascendance intra-communautaire. Ainsi c'est l'habituel vernissage "culturel" pour meubler certaines carences civilisationnelles et organisationnelles en matière d'adaptabilité avec notre époque. Une culture qui porte un suprémacisme social et essentialiste, irait se chercher une validation extra muros de vitalité. Par ailleurs si on pensait à travailler pour moins de langage apologiste d'esclavage beaucoup porté dans cette langue aujourd'hui. La décision de l'Unesco doit interpeller et stimuler une dynamique d'éveil contre cette sous-culture discursive (apologie, chants provocateurs, langage de légèreté...) qui est tacitement encouragée à divers occasions et cérémonials. Souvent portée par certains troubadours "artistes" à la langue bien pendue notamment dans les réseaux sociaux, qui en font un business social, pécuniaire et matériel. Récemment 2 cas du genre ont eu affaire à la justice au Mali sur cette problématique d'apologie d'esclavage par ascendance avec des plaintes introduites par les milieux abolitionnistes soninké . Aucun signe de mot n'apparaît du côté des associations dites dédiées à la promotion de la culture soninké, en premier lieu, la langue. Il est temps...

● **Partie annexe** : contributions et entretiens du Blog

~ **contributions** :

● **Quand des idéaux prêchés par le mouvement Gambanaxun Fedde se retrouvent dans le sermon national unifié du vendredi 17 décembre 2021 en Mauritanie.**

Ainsi j'introduis mon propos par : « Toute vérité passe par trois étapes, d'abord elle est ridiculisée, ensuite elle est violemment combattue et enfin elle est acceptée comme une évidence. ».

Cette assertion qui est douteusement attribuée au philosophe allemand du pessimisme Arthur Schopenhauer, résume relativement le parcours du dynamique éveil abolitionniste et anti-esclavagiste en cours en pays soninké, sous le vocable Gambanaaxun Fedde. GAMBANAXU, concept porteur d'une profonde philosophie sociale et humaniste s'articule autour de l'égalité et la dignité en droits et en devoirs. En gros l'idéal d'une norme civilisationnelle où l'Humanité Première de l'Homme devient sacrée et inviolable face aux égos toxiques émergés et entretenus culturellement et socialement par les violences. Les humains s'organisent souvent par l'intelligence de la violence contre la NATURE et rarement par l'intelligence de la MORALE pour le SENS. Oui l'éveil Gambana secoue amèrement les consciences et les certitudes des adeptes du fatalisme religieux et coutumier dans la communauté soninké. Ceux qui considèrent que tout est déjà acté et fini dans le schéma sociétal où les subalternes s'acceptent et les privilégiés veillent résolument. Ainsi en fin 2016, justement il y a 5 ans, au cœur du Guidimagha mais pas seulement, l'ordre féodal soninké se mettait en rangs serrés par tous les moyens pour que l'appel pacifique Gambanaaxu soit sali, saboté, diffamé et détourné.

L'esclavage par ascendance faisant partie du système hiérarchique de la société, est démasqué à vif par l'élan militant antiesclavagiste par un discours efficace arrimé aux textes fondamentaux de nos États. C'est-à-dire le Citoyen s'est exprimé ouvertement et son vernissage coutumier du *casté* ou du relégué social, a fondu irréversiblement. Menaces, diffamations, harcèlements administratifs et judiciaires, emprisonnements, expropriations, agressions, embargo social…la liste est longue, ont été mis en branle farouchement contre les militants et les familles qui ont osé s'extirper du régime de Ladalenmaxu. Ce Lada soninké qui fait office de constitution sociale intracommunautaire, défie à la fois La Loi du pays et la profonde philosophie humaniste prônée par La Religion. Certains milieux réactionnaires foncièrement esclavagistes qui vouent une haine viscérale à l'endroit de l'éveil Gambana, vont tomber dans la rengaine apologétique de l'esclavage avec un grand zèle. En Mauritanie, la Loi 2015 – 031 portant sur la criminalisation de l'esclavage et ses séquelles, est même défiée ouvertement parce que les apologistes comptent bénéficier des largesses administratives et judiciaires venant de leurs soutiens silencieux dans les rouages étatiques. Finalement la justice a commencé à sévir mollement, et l'atmosphère de l'apologie prend un coup de semonce psychologiquement significatif parmi les cas extrémistes. Et ces derniers jours le discours présidentiel de Ouadâne [12] est sans équivoque. Les préjugés sociaux dont il a fait référence, sont également ces coutumes ségrégationnistes et discriminatoires véhiculées socialement par le Ladalenmaxu soninké. Un mécanisme complexe d'apparence inoffensif alors qu'il constitue le nœud de tous les symboles discursifs et comportementaux de l'esclavage par ascendance et du système des castes. Après Ouadâne, l'injonction ministérielle pour un sermon unifié du vendredi 17 décembre 2021 sur le plan national, avec la thématique principale censée être abordée, la problématique liée aux mépris sociaux et culturels de l'ascendance. Des références coraniques et des données rapportées de la Tradition Prophétique, sont convoquées dans les prêches pour indexer la toxicité de la vantardise par ascendance et le mépris héréditaire attribué parmi les Hommes, et de surcroît appartenant à une même communauté de fidèles. Une séquence en termes de portée symbolique qui abonde clairement dans le sens de l'argumentaire du militantisme Gambanaaxu. Concernant la lutte contre l'esclavage et ses diverses manifestations sociales en Mauritanie, au cours de cette décennie après le big-bang du 27 avril 2012 (autodafé des livres *fiqhi* [13] esclavagistes) du leader d'IRA-Mauritanie Biram Dah Abeid, il est important de retenir les mots du président Mohamed Cheikh El Ghazouani à Ouadane et le Khotba unifié de ce vendredi dernier. Ainsi, ce sont la Mauritanie et la Dignité humaine qui engrangent des points valeureux.

Publié le 19 décembre 2021

---

[12] Ancienne cité dans la région d'Adrar

[13] Tirés d'une certaine jurisprudence islamique

- **Gambanaaxu ou l'émergence d'une assise sociale ingénieuse, gage de solidité fraternelle et communautaire à long terme - O FISO Mauritanie 2023, O Gambana !**

Aujourd'hui dans une certaine opinion publique, le label communicationnel via divers supports que véhicule le concept Gambanaaxu Fedde, s'inscrit et s'accroche à l'engagement contre l'esclavage par ascendance chez les Soninkés. C'est ainsi l'élan initial enclenché par une dynamique de prise de parole subversive et décomplexée face à un statu quo sociétal et traditionnel intrinsèquement inégalitaire. Une charpente sociale tissée de diverses hiérarchies qui assignent les uns et les autres par un étiquetage statutaire inné. Les honneurs s'héritent en vase clos et les indignités sont aussi attribuées dans le même régime coutumier hermétique. Le tout se structure et se perpétue à travers clans alliés et identités nominales. Les noms de familles en fonction des zones et des milieux, sont l'expression d'une réalité clanico-politique à vocation hégémonique. Une configuration politique aux facettes primitives en total déphasage avec l'ordre étatique républicain supra qui fait du Citoyen la référence cardinale de la chose politique moderne. Ces mini entités clanico-politiques (villages ou groupes de villages trans-territoriaux) assoient leur légitimité régalienne à diverses emprises sur des figures ancestrales (patriarches légendaires). À coup de fables et de forcing historique quasiment mariné à la même sauce apologétique, chaque clan construit et perpétue son roman d'identité sociale et politique.

Ainsi un schéma organique de fiertés exclusives se met en place globalement d'une manière diffuse dans l'élément « communauté soninké ». Ces fiertés exclusives se confrontent autour d'un aléatoire patronage originel voire « original » de la personnalité-type soninké.

Un imaginaire foncièrement ancré dans des consciences très sensibles à l'idée du « Pur » supposé en légitimité de certains sur d'autres. Frictions, égards pernicieux et arrogances ridicules, l'homogénéité sociale et communautaire n'arrive pas à s'instaurer valablement, gage d'une véritable dynamique pour une société en phase avec son époque.

Et l'éveil Gambanaaxu surgit !

Un idéal et aussi une visionnaire philosophie sociale, ce concept mérite une grande attention de la part de tous les éveillés en pays soninké. Une sorte de wokisme intra-communautaire permettrait un toilettage culturel et idéologique. Au cœur de l'éveil Gambanaaxu, on y consacre consciencieusement des notions suivantes : la Dignité, la Liberté, l'Humanisme, l'Égalité et la Fraternité. Par une approche déterminée, cet engagement enclenché en masse depuis fin 2016, interpelle et parle à la conscience collective de la communauté soninké voire au-delà même africaine. Gambanaaxu, comprendre autrement en vocable soninké « O Gambana » que j'ose transposer comme « Une Digne et mutuelle acceptation de notre Humanité commune ». Une identité sociale ouverte qui sanctifie la Dignité Humaine. Ainsi une véritable ingénierie sociale et communautaire serait gage d'une révolution profonde de nos mentalités liées aux fiertés exclusives. Et une nécessité intellectuelle et culturelle permettra une saine articulation entre l'imaginaire et le réel. Par Gambanaaxu, l'élément social soninké sera débloqué et gagnera en efficacité dans tous les domaines. Les compétences feraient la légitimité et on sortirait du hasard de la naissance. Ce hasard dont les conséquences bloquent, freinent et causent d'innombrables situations schizophréniques sapant le vivre-ensemble. Une certitude m'assaillit profondément : les idéaux Gambanaaxu portés par la dynamique militante en cours peuvent donner matière réelle à « O Gambana ».

Une prise de conscience qui cadre pertinemment avec la résurgence panafricaniste très active au cœur de notre continent. Les détracteurs qui rechignent avec diverses manœuvres et violences à la proposition « O Gambana », doivent réactualiser leur logiciel culturel et sociologique.

Il suffit d'imaginer que l'appellation « esclaves ou descendants d'esclaves » puisse exister et nommer un certain contenu sociétal réel dans un même groupe sociolinguistique, pour se faire une idée du retard en cours. Ainsi l'intelligentsia soninké devrait se questionner enfin, l'irruption de cet éveil Gambanaaxu est un défi intellectuel posé et une aubaine inestimable à saisir plus que jamais.

En perspective du FISO (Festival international Soninké), événement biennal prévu courant 2023 en Mauritanie, j'ose espérer que Monsieur Abdoulaye Bathily, soninké, universitaire et homme politique sénégalais qui a publié un ouvrage récemment titré « **Passion de liberté** », sera parmi les Guest-stars intellectuels. Il pourrait nous clamer l'assertion exprimée ces derniers jours lors de la présentation de son livre à Dakar en disant « *Cette jeunesse que je vois, doit se battre avec les moyens de son époque. Partout où je vais, ce bouillonnement, même jusque dans les excès qui sont produits par ceux qui sont en face. La passion de la liberté habite en chacun d'entre nous. La passion de liberté je la vois en chacun des jeunes* ».

Et il dira en résumé ce jour « *La passion de liberté a pris chacun d'entre nous* ».

Plus que jamais nous lui dirons justement c'est cette ferveur pour la liberté qui surfe aujourd'hui en pays soninké. Les tares liées à l'esclavage par ascendance sont à éradiquer nécessairement au sein de nos milieux. Vœu d'espoir, au (O) FISO Mauritanie 2023, nous pouvons magnifier et promouvoir O Ganbana. Et en finir avec l'habituel folklore exhibitionniste qui prend la centralité de l'événement.

Publié le 25 juin 2022

- **Biram – Gambanaaxu | Ce dont je suis convaincu !**

L'assainissement d'une Relation peut se faire d'une phase de turbulences à une autre.
J'ose croire par ma petite voix personnelle que nos certitudes communes sont plus importantes que quelques couacs intempestifs. Ainsi ma conscience est mon témoin circonspect, dans cette Mauritanie où le clanisme socialisé par les statuts de naissance et l'élément racial, l'alliage naturel entre ce qu'incarne socialement et politiquement ce leader abolitionniste et les valeurs d'égalité prônées par l'éveil Gambanaaxu en milieux soninkés, va au-delà d'un quelconque supposé intérêt électoraliste. Le président d'IRA Mauritanie et le mouvement populaire Gambanaaxu antisystème féodalo-esclavagiste sont dans ce camp politico-social actif pour l'émergence d'un véritable état de droit. Ce camp qui se reconnaît dans les discours du président

45

Ghazouani [14]à Ouadane et du président de l'Assemblée nationale Ould Baya. Et ce camp est très mal perçu par les défenseurs de l'immobilisme dans nos différentes communautés où le statut de naissance discrimine dans l'être et dans l'avoir. L'éveil militant Gambanaaxu s'épaissit en phénomène sociologique dans la communauté soninké aujourd'hui, et l'écho politique qui peut en germer dérange énormément différentes chapelles pour de motifs divers. Je vous renvoie à une contribution datant du 7 janvier 2016 dont le titre était « En mauritanien » chaque communauté a ses harratines finalement : Harratine, une fierté https://soninkideesjose.wordpress.com/2016/01/07/en-mauritanien-chaque-communaute-a-ses-haratines-finalement-haratine-une-fierte/ . Le féodalisme nègre et l'esclavagisme maure sont 2 sœurs jumelles qui s'évitent en public, les milieux éveillés d'ascendance servile ont saisi cette arnaque depuis quelques années. Concernant le cas Biram – Gambanaaxu, ceux qui essaient de profiter du moindre soubresaut relationnel, ne lésinent sur rien pour diaboliser les uns pour les autres dans un seul but, les affaiblir.

Chers frères et camarades, restons sereins et lucides, la perfection est de l'ordre du Divin. Les malintentionnés motivés socialement et politiquement qui haïssent Biram l'antiraciste et l'anti-esclavagiste n'accepterons pas l'élan abolitionniste Gambanaaxu Fedde contre l'esclavage par ascendance chez eux.

Publié le 18 avril 202

---

[14] Mohamed Cheikh El Ghazouani, President de la République islamique de Mauritanie depuis 2019

46

- **Portrait de Militante | Éléments biographiques de Madame Boye Sagna surnommée « Mama IRA »**

Elle est native de Diogountouro, village du Guidimagha (Région Sud mauritanien) situé au bord du fleuve Sénégal. Elle vit en famille à Nouakchott depuis quelques années. Une dame travailleuse et l'une des voix militantes pionnières issues de la communauté soninké engagées au sein du célèbre mouvement anti-esclavagiste IRA-Mauritanie. Elle fait partie de la très dynamique section IRA – Sebkha. Selon les informations de présentation recueillies auprès d'elle, c'est à partir de courant 2014 qu'elle avait eu des contacts inspirants dans ce militantisme auprès de son oncle monsieur Yakhoub Bakhayokho, président de l'association UVDS (Union des volontaires pour le développement dans Soninkara) et tenant actuellement le poste de secrétaire général du parti RAG (Aile politique d'Ira-Mauritanie)

Surnommée et connue sous l'appellation « Mama IRA », Madame Sagna est une militante aguerrie du terrain qui a subi avec tant d'autres de ses camarades IRAOUIS, l'engrenage répressif du pouvoir mauritanien au cours de la décennie écoulée. Elle a reçu des coups lors des sit-in devant les commissariats à Nouakchott, autour des tribunaux à Rosso ou à Aleg pour soutenir le leader abolitionniste Biram Dah Abeid et ses camarades. Le surnom Mama IRA lui aurait été attribué lorsqu'elle voulait camper avec sa moustiquaire devant un commissariat à Nouakchott pour s'enquérir du sort de militants arrêtés et retenus en lieux inconnus. Sa détermination est à la fois proverbiale et fascinante, je dirais qu'elle s'inscrit symboliquement dans le sillage historique de vaillantes dames comme Rosa Park ou Harriet Tubman.

Elle nous apprend qu'à cause de son engagement assumé, elle faisait l'objet de différentes moqueries et pressions venant de certains milieux de la communauté soninké de Nouakchott. Début mai 2017, elle était l'une des rares femmes militantes qui comptaient accueillir et participer au Guidimagha à la visite programmée du leader abolitionniste mauritanien Biram Dah Abeid. Finalement les forces sécuritaires de la région à l'époque avaient contraint les militants sur les routes à l'isolement avant de procéder à l'expulsion expéditive du président d'IRA du Guidimagha dès son arrivée à la rive mauritanienne à Gouraye venant du côté Sénégalais.

Aujourd'hui cette dame forte à la cinquantaine, est toujours une voix fidèle et forte dans l'engagement abolitionniste et droit-de-l'hommiste au sein de sa section IRA Sebkha et dans le mouvement d'éveil antiesclavagiste Gambanaaxu Fedde dans les communautés Soninkés. Très sûre de la rectitude de son combat, elle dit prête à subir le dénuement matériel par une grande résilience encore et toujours pour le respect des droits légitimes de tous les citoyens sans distinction de races ni de communautés. Elle dit que la vision et le courage de Biram Dah Abeid sont source d'espoir pour tout le Peuple mauritanien, et qu'elle s'y retrouve hier comme aujourd'hui.

Publié le 20 juillet 2021

- **Éléments de commentaire sur l'interview France 24 et RFI | Les bonnes et courageuses leçons d'éthique diplomatique de monsieur Diop Abdoulaye du Mali à la France**

Il tient le portefeuille du ministère malien des affaires étrangères et de la coopération internationale. Monsieur Abdoualye Diop, natif de Brazzaville (Congo) en 1965, est un cador respectable de l'actuel gouvernement malien. Selon quelques éléments recueillis sur lui, l'homme de 56 ans a un parcours très riche dans les rouages de la diplomatie de son pays et au niveau international également. L'interview qu'il a accordée au duo médiatique français RFI et France 24, est recommandée vivement. Le lien ci-joint : https://www.rfi.fr/fr/podcasts/invit%C3%A9-afrique/20220128-abdoulaye-diop-nous-demandons-que-paris-nous-respecte-en-tant-que-pays?ref=fb_i . Un entretien-vérité au cours duquel le ton et le fond donnent une grande leçon de courage patriotique et d'éthique diplomatique à la hauteur de circonstances actuelles autour de son pays.

Il a répondu avec responsabilité et tact aux différentes provocations langagières venant des autorités françaises. Ainsi la petite musique teintée d'une affreuse et paternaliste condescendance que jouent le chef de la diplomatie française M. Le Drian et sa consœur Mme Parly des Armées, a eu un tonique refrain en guise de réplique du côté malien avec cette sortie médiatique de M. Diop. Avec mesure et dignité, l'ancien étudiant de l'ENA d'Alger a dit clairement les choses en phase avec la ferveur populaire qui pousse au sein de masses africaines à propos de l'immixtion trop grande de la France dans les affaires intérieures de nos États. M. Le

Drian, un poids lourd socialiste des gouvernements sous le règne du président Hollande, devenu Macron-compatible depuis 5 ans, s'adonne à un activisme diplomatique provocateur à l'encontre de l'actuel pouvoir de transition au Mali. Par son âge et son expérience en matière des relations publiques, en postes ministériels depuis une décennie (2012 – 2022), il doit comprendre que les relents néocoloniaux de la Françafrique comme réflexes de la diplomatie française dans les affaires africaines, sont toxiques par conséquent à rayer nécessairement aujourd'hui. C'est ce que le chef de la diplomatie malienne a soutenu avec brio en demandant du respect pour son pays et en indexant les écarts inadmissibles des autorités françaises. Il précise en substance que la France soutient de coups d'État quand ses intérêts sont préservés et autrement elle mène une croisade de diabolisation. Une lecture largement partagée par l'opinion publique africaine par les temps qui courent. Souvenons-nous en 2008, le régime de l'ancien président tchadien Idriss Deby (mort en avril 2021) avait été sauvé de justesse par un appui décisif de l'armée française. À préciser au passage que Deby formé en France, était arrivé au pouvoir comme chef rebelle en chassant Hissène Habré. Au Tchad encore il y a bientôt un an, un fils Déby, Mahamat succède à son défunt père à travers un « doux » coup d'État quasiment parrainé par la France du président Macron. La logique pitoyable de 2 poids 2 mesures qui ne trompe plus.

Du côté malien, les jeunes colonels au pouvoir qui cherchent à diversifier leur partenariat en matière de défense et de sécurité, subissent diverses pressions à caractère intrusif sous l'influence multidimensionnelle de la France sur l'échelle internationale.

Le diplomate Diop l'a répété lors de cette interview édifiante que son pays est disposé à travailler avec ses partenaires selon des dispositions qui ne mettent pas en cause les profondes aspirations de son peuple. Wagner, Russie ou mercenaires, le ministre malien laisse entendre qu'il y a beaucoup de contre-vérités venant du camp occidental antirusse dans la géopolitique mondiale.

Il a pris l'exemple du cas irakien en 2003 quand le secrétaire d'État américain Colin Powell (mort le 18-10-2021) exposa devant l'ONU ce que les USA présentaient comme preuves d'un programme atomique de Saddam Hussein, sur les allégations d'une présence de mercenaires au Mali. Cette sortie médiatique publique d'un responsable gouvernemental d'un pays d'Afrique Noire anciennement colonisé, nous rappelle les discours d'un Lumumba, d'un Sankara ou d'un Sékou Touré.

Ainsi une grande leçon de diplomatie a été dispensée par la forme et le fond, et il reste à savoir si elle sera entendue par M. Le Drian, sa camarade Mme Parly et par le pouvoir français pour de bon.

Je crois que monsieur Diop est de loin beaucoup mieux outillé intellectuellement et par sa sérénité comportementale que le premier ministre Choguel K Maïga. Ce dernier semble être un populiste politicard flou qui joue à la surenchère belliciste du paraître opportuniste auprès des colonels.

Publié le 29 janvier 2022

- **Un élément-retour sur le Documentaire « Noirs en France » sur France 2 dans la soirée du 18 janvier 2022**

Une très bonne narration par un grand maître des Lettres, l'intellectuel littéraire Alain Mabanckou franco-congolais (Congo Brazzaville). Un fond plein d'enseignements pour plusieurs publics qui se verraient interpeller à divers degrés.

Le test de la poupée est amèrement symptomatique d'une réalité connue de tous. Où la personnification physique de « l'Homme-Norme » fait du Blanc la référence naturelle pour ne pas dire divine.

C'est la petite aux grosses mèches tressées colorées qui a résumé en quelques mots le catastrophique refus de soi qu'on a intégré socialement et psychologiquement. Combattre avec obsession notre corps naturel pour correspondre à un modèle imposé par une vision civilisationnelle racialisante. D'ailleurs un conditionnement aux complexes bien tenus dans tous les milieux à travers le monde afro. Dans le documentaire d'hier soir, la participante qualifiée de haute fonctionnaire avec sa coiffure en perruque peut être un cas illustrant ce que j'appelle une « docile violence » qui saigne gravement le corps typé Noir et la psyché black. Ne pas assumer ses cheveux naturels crépus n'est en rien différent du fait de vouloir éclaircir sa peau. Ce sont 2 traits apparents qui font naturellement le modèle physique type. Étrangement on a souvent tendance à critiquer celles/ceux de nôtres qui fuient notre Peau mais l'agression qu'on fait subir à notre silhouette avec des perruques passe sous silence. Celle qui tient à porter une perruque pour être typée à un modèle a autant de choses à régler avec elle-même qu'une autre personne qui veut s'éclaircir la peau. Ainsi cette haute fonctionnaire censée futée et consciente intellectuellement sur la condition NOIRE et les enfants qui ont opté pour la poupée blanche au détriment de la noire, sont de la même manière, produits inconscients et conscients du même système de complexes intégrés et normalisés. Tout est question de regard, si on fuit son naturel-modèle pour un autre naturel-modèle qui serait la référence enviée, il ne faut pas s'attendre à une sérénité communautaire en assumant son originalité physique.

Publié le 19 janvier 2022

- **L'affranchi conditionné à l'arrière-garde sociale et ses maîtres face à la personnalité rebelle abolitionniste** !

Harriet Tubman (1820... – 1913) disait : "*J'ai libéré un millier d'esclaves, j'aurais pu en libérer 1000 fois plus si seulement ils avaient su qu'ils étaient esclaves*"

Cette citation est attribuée à la grande militante téméraire de l'abolition de l'esclavage aux États-Unis courant fin du 19ème siècle. À la décoder on en sent de l'amertume contenue. Elle risquait sa vie pour susciter des vocations de libération auprès de ses semblables toujours damnés dans le joug esclavagiste. Elle devint le cauchemar des esclavagistes haineux qui mettaient même un prix sur sa tête. On la voulait morte parce que son activisme donnait des coups à leur système d'exploitation injuste et abject.

J'y vois la méthode de la révolte libératrice de loin très honorable et conséquente que l'affranchissement trompeur qui conditionne socialement et psychologiquement les « bénéficiaires » à une seconde phase de servitude.

J'ose mettre en exergue à juste titre la citation de Thomas Sankara qui disait également : « *L'esclave qui n'est pas capable d'assumer sa révolte ne mérite pas que l'on s'apitoie sur son sort. Cet esclave répondra seul de son malheur s'il se fait des illusions sur la condescendance suspecte d'un maître qui prétend l'affranchir. Seule la lutte libère.* »

Ainsi l'affranchissement de fait ou sous couverture sournoise, est une arnaque sociale et symbolique dont sont victimes les personnes esclavisées et statutairement assignées à y végéter par « hérédité ». Un affranchi par une condescendance prétentieuse des tenants du système féodalo-esclavagiste, n'est autre qu'un néo-mamelouk social logé à l'arrière garde sur tous les plans dans la communauté. Il tient le rôle d'un élément faire-valoir socialement et d'homme-outil au service de la nomenklatura féodale. Il a été affranchi pour servir autrement où l'esclavagisme va évoluer vers un parasitisme sociétal. Donc un affranchi ne s'affranchit pas ni ne se libère et reste un « esclave muté ». Un conditionnement l'a dépourvu des ressorts sociaux et intellectuels pour questionner et comprendre la magouille qui l'accable tant d'une manière héréditaire.

L'affranchi reste coincé et dupé entre divers complexes refoulés et tentatives ridicules et mesquines à vouloir plaire l'ordre du maître à qui il croit devoir sa relative et trompeuse promotion existentielle.

Et l'abolition, la valeureuse et vaillante lutte abolitionniste se mène par une personnalité rebelle et intrépide. Celle qui croit et décide de s'extirper d'une inhumanité du joug de la servitude et ses lésions sociales, qui l'ont affectée depuis de nombreuses années.

Au contraire d'un affranchi qui peut être obtus socialement, la personnalité rebelle abolitionniste est dotée d'un élan subversif et d'une profondeur analytique qui confondent et perturbent les références pionnières du système inique construit contre elle. Aujourd'hui dans le cas soninké en Afrique de l'Ouest, la dynamique abolitionniste est portée par des vaillants militants citoyens qui ne quémandent pas une quelconque sollicitation d'affranchissement auprès de qui que ce soit.

Ils s'expriment en citoyens consciencieux qui se servent du Droit positif pour se faire respecter et protéger leurs personnes et leurs biens.

Ainsi cet engagement du genre déstabilise aujourd'hui tout système dit structuré quoique millénaire ou pas, autour des criantes discriminations héritées du monstrueux régime esclavagiste d'antan. La digne personnalité abolitionniste réclame des réformes pour corriger et restaurer l'égale Dignité Humaine. Elle établit ses repères sur une autre échelle de valeurs à l'aune du temps présent et expose les sinistres contradictions de l'ancien ordre et ses tenants. D'où l'engrenage haineux et violent qui peut surgir immanquablement sur sa voie. Quasiment une loi universelle et l'épreuve Divine des épreuves pour défaire les injustices il faut s'attendre à la furie et aux sacrifices multiples. Finalement c'est toujours la vérité qui sera le camp victorieux tôt ou tard.

Publié le 7 janvier 2022

- **Islam et l'égalité | le monde musulman ou du moins afro-musulman a besoin d'un Desmond Tutu !**

En Afrique du Sud de l'apartheid l'archevêque anglican feu Desmond Tutu (décédé le 26 décembre 2021) mena le combat pour l'égalité face à d'autres chapelles de l'église hollandaise qui prêchaient la théologie de l'élection (avec un peuple élu et d'autres peuples inférieurs). Ces voix dites religieuses valaient une caution morale et spirituelle au régime politique d'apartheid qui racialisait tout, et considéraient les Noirs sur leurs terres ancestrales comme « un peuple damné à la relégation civilisationnelle par Dieu lui-même » d'abord. Ainsi dans nos milieux dits musulmans, un discours religieux et spirituel similaire bien huilé de l'élection circule tranquillement de différentes facettes (Arabes/non-arabes, Blancs/Noirs, castes supérieures/castes inférieures, et nobles/esclaves…). L'affaire à Pout-Dagne au Sénégal autour d'un enterrement d'une personne de caste de forgerons, et toutes les frictions liées aux positions d'honneur et de responsabilités (imamat, droit d'aînesse…) dans les milieux Soninkés avec l'esclavage par ascendance, peuvent être ramenés à cette vision suprémaciste distillée religieusement « d'une couche sociale élue par dieu qui devrait dominer dans le temps et dans l'espace d'autres couches qui seraient damnées à la servitude sociale par hérédité ». On dit facilement par la rengaine fataliste et apologétique, que « mon hégémonie sociale et raciale est une faveur divine à ton détriment donc si

56

tu te rebelles, ce serait comme récuser les décrets divins et tu en serais puni même dans l'Au-delà ». Le ridicule apparaît quand les Noirs qui s'accrochent à cet ordre discriminatoire et hégémonique aux relents fascistes à un point A (leur giron communautaire) et en deviennent victimes amèrement au point B (extra muros en zone blanche ou arabe).

Publié le 7 janvier 2022

- **Les mutilations génitales féminines : toujours un laisser-aller coutumo-religieux avec ses drames silencieux qu'on feint d'ignorer !**

Il fallait le dire un jour, ce témoignage rapporté autour d'un cas gravissime présumé d'un bébé qui n'a pas survécu à cette « affaire ». Mai – juin 2013 dans une localité du Guidimagha, il faisait très chaud. Tout le quartier était secoué par les pleurs sans fin de cette petite de quelques semaines (ou un mois quelques jours). Ce que tout le monde sait sans jamais en parler ouvertement, commence à s'ébruiter parmi les voisins. La fille naissante d'une telle a été excisée apparemment, et elle en souffre beaucoup. On dit crûment « on l'a mal fait ou pas bien traité après l'affaire ».

La petite ange a subi la très sinistre violence coutumière et « religieuse » à l'endroit de la gent féminine dans nos zones. Et tristement elle en serait morte très probablement.

Ce qui est affreusement scandaleux dans le cas de l'excision et ses conséquences douloureuses, est lié au grand tabou contenu dans les familles et à la couverture complice dans l'environnement social par de non-dits et de mentalités figées et apeurées. Les lésions graves corporelles et psychiques liées à cette « affaire », sont aussi cachées ou ignorées comme l'est l'acte lui-même. Ainsi pas des soins sérieux possibles ouvertement au sein de centres médicaux disponibles. En coulisses dans l'entre-soi, on laisse le temps faire une douloureuse cicatrisation. Cette dernière, une fois faite va laisser d'affreuses séquelles quasiment irréversibles sur l'organe génital. Ce bref schéma descriptif reflète cette réalité sourde qui tire une légitimation d'ordre coutumo-religieux dans nos communautés. Certaines sources attribuent ses origines datant de la période pharaonique; lire https://www.excisionparlonsen.org/comprendre-lexcision/quest-ce-que-lexcision/dou-vient-lexcision/#:~:text=Les%20origines%20de%20la%20pratique,l'Egypte%20et%20au%20Soudan . Aujourd'hui une autre légitimation liée à une certaine pratique religieuse, notamment musulmane, fait partie des motivations sociales et culturelles dans le narratif apologétique « sorcier » qui entoure cette pratique.

Et comment peut-on en sortir efficacement ?

Sur le plan international, une journée est instituée depuis 2003 SEULEMENT, le 6 février de chaque année pour sensibiliser et alerter sur ces mutilations génitales féminines (MGF). À l'occasion de cette journée, mon présent billet a été inspiré par l'activisme de militant.es en Mauritanie à travers une Page Facebook appelée Voix des Femmes en Mauritanie. Une dynamique militante qui ne doit pas laisser l'opinion publique indifférente.

Reconnaissons-le, nos silences conscients et inconscients sont complices pitoyablement de la perpétuation de certaines tares graves qui saignent les corps et les esprits parmi et autour de nous. Ainsi il faut

58

en parler et porter un discours décomplexé et courageux pour démystifier ces atteintes violentes qui devraient être criminalisées à terme comme dans d'autres pays. L'exemple de la France est un cas édifiant à s'y intéresser, là où selon la loi « Les mutilations sexuelles féminines notamment l'excision et l'infibulation sont un crime puni par la loi. En France, la loi protège tous les enfants qui vivent sur son territoire, quelle que soit leur nationalité. La loi française s'applique à l'acte commis à l'étranger si la victime est française ou si elle est étrangère et réside habituellement en France. ».

En France l'élément coutumo-religieux qui motive est mis à pas, les communautés concernées se sont rangées par la force de la Loi. Ainsi de la donne imposée par la Loi, un argumentaire de contre-légitimation a même émergé dans les contenus discursifs culturels et cultuels. Grâce à la rigueur de la Loi, nos certitudes coutumières enrobées dans un *musulmanisme* [15] sorcier sont reléguées comme une honte enfouie à s'en débarrasser urgemment. Dans nos pays également, un même mécanisme est nécessaire pour déraciner d'une manière décisive les mentalités qui constituent l'affreux soubassement de ces pratiques terribles et attentatoires à l'intégrité physique et psychologique de nos concitoyennes. Il n'y a pas de « violences douces », donc tout atteinte irréversible touchant la personne humaine mérite d'être criminalisée pour l'enrayer avec efficacité.

Publié le 20 février 2022

---

[15] Terme entendu d'un conférencier O Timéra, je le définis comme un vernissage coutumier et socialisé sur le véritable culte

- **Notre "noir" n'est pas causé par que du Blanc !**

Certains militants afro-panafricanistes sont tellement obsédés par le fait « Homme Blanc », qu'ils perdent toute lucidité militante et intellectuelle jusqu'à vouloir dédouaner nos dirigeants Noirs tortionnaires et également nos propres tares abjectes. Genre, on était au paradis dans *Mama Africa* avant l'arrivée du Blanc (oriental ou occidental), et l'esclavage intra-africain serait importé... ou il n'existe pas du tout. Mais en parlant d'Afrique, je me demandais pourquoi parmi les Noirs, les tenants des traites (orientales et occidentales) trouvèrent facilement un marché d'hommes Noirs en masse sur plusieurs siècles alors que d'autres populations non Noires furent épargnées... !

Dans l'Histoire, d'autres peuples non Noirs ont subi l'esclavage, mais si le Noir a été essentialisé comme le « marqueur universel et originel » de l'esclave, revient à nous réapprendre profondément en matière civilisationnelle.

Pire, on devrait se poser certaines questions, pourquoi ça se passait à sens unique ce trafic d'êtres humains ?

Pourquoi ne trouve-t-on pas aujourd'hui des populations blanches d'ascendance esclave dans des zones majoritairement Noires ?

Les diasporas afro d'outremer et en milieux orientaux d'aujourd'hui ne suffisent pas comme matière à questionnements perpétuels pour nous ?

Le célèbre kankan Musa dans son voyage en Orient, il avait beaucoup d'or dit – on mais également beaucoup d'esclaves sous son joug apparemment qui ne seraient autre chose que du Noir en masse.

A- t-il pu ramener tous ces esclaves à leurs terres originelles ?

Les souverains orientaux lui avaient-ils donné comme présents d'esclaves blancs issus de leurs propres tribus ou sociétés ?

En Occident d'aujourd'hui, quand un Mauritanien Noir rencontre un africain black acquis idéologiquement à certaines thèses afro-centrées et *anti-Blanc*, et lui parle d'esclavage, il sautille en indexant « des méchants arabes » qui seraient venus d'Orient pour nous réduire en esclavage. En répliquant que Non, ce sont des Noirs qui considèrent d'autres Noirs d'esclaves dans leurs propres communautés dites autochtones, et là il va se sentir perturbé amèrement.... Et il peut même te suspecter d'être un vendu à la cause du monde Blanc… !

Et c'est vrai pourtant !

La lutte anti-esclavagiste engagée dans les communautés soninkés en Afrique de l'Ouest, symbolise les tristes et acerbes réalités de la survivance de cet esclavage par ascendance intra-muros.

Voir et lire ces liens médiatiques :

•https://www.ohchr.org/FR/NewsEvents/Pages/Display News.aspx?NewsID=26219&LangID=F

•https://observers.france24.com/fr/20191118-resister-esclavage-ascendance-kayes-caste-malinke-soninke-peuls

Publié le 3 décembre 2020

- **L'esclavage, questions d'actualité dans une certaine Afrique Noire : cette noblesse nocive à abolir impérativement pour avancer en civilisation**

Hier 10 mai 2021 correspond en France à la journée nationale des mémoires de la traite, de l'esclavage et leur abolition. Une date mémorielle instituée à la suite de la loi Taubira qui visait en 2001, la reconnaissance de la traite et l'esclavage comme un crime contre l'humanité. Madame Taubira, femme politique originaire de la Guyane française fut rapporteuse à l'Assemblée de cette loi. Une avancée conséquente à souligner sur cette problématique d'esclavage faisant partie de zones d'ombres de l'histoire de France. Et cette réparation mémorielle dans l'hexagone touche certainement les milieux afro et afro-descendants à travers le monde francophone et au-delà.

Pourtant une autre Afrique Noire intellectuelle maintient un tabou sur les réalités historiques et actuelles des implications liées à l'esclavage en interne entre Noirs. Dans le Numéro 878 du Magazine Historia (Février 2020) sous le Dossier-Une bien fourni « Les vérités sur l'esclavage », on peut y lire certains passages grandement illustratifs de ce tabou africain ; « ... C'est en 2001 que l'historien sénégalais Ibrahima Thioub fit scandale, au Congrès international des historiens africains, à Bamako, en évoquant l'esclavage dans les sociétés sénégalaises. Il se fit presque écharper par ses collègues, dont certains sont issus de familles princières ayant pratiqué autrefois l'esclavage », « ... Pourquoi ce déni ? Parce que l'esclave, en Afrique comme ailleurs, est un personnage sans qualité, sans famille, sans honneur, méprisable. ».

Ces termes sonnent horriblement avec une actualité brûlante dans certaines zones ouest-africaines sur ces traces sociales de l'esclavage intra-muros.

Il y a à peine une semaine au Mali, lire https://maliactu.net/mali-lesclavage-par-ascendance-au-mali-la-cndh-tire-la-sonnette-dalarme-sur-la-situation-dans-le-village-de-bagamabougou-cercle-de-diema/ , la CNDH (La Commission Nationale des Droits de l'Homme – Mali) a communiqué sur la situation critique des personnes ayant refusé leur statut d'esclave dans un village. Plusieurs personnes (femmes, enfants et hommes) ont été expulsées par les milieux esclavagistes et elles ont trouvé refuge à Bamako.

Pour rappel dans la nuit du 1 septembre 2020 dans le village Soninké de Djandjoumé au Mali, 4 hommes militants anti-esclavagistes (âgés de 42 à 72 ans) avaient été lynchés à mort et jetés dans les cours d'eau, parce qu'ils refusaient leur statut d'esclave, à lire ce communiqué des experts onusiens https://www.ohchr.org/FR/NewsEvents/Pages/Display News.aspx?NewsID=26219&LangID=F .

Depuis bientôt 5 ans, avec l'éveil abolitionniste dans les communautés Soninké en Afrique de l'Ouest et dans les diasporas, les réflexes féodalo-esclavagistes tapis dans le fond sociétal ont surgi avec une violence inouïe contre les descendants d'esclaves qui osent manifester leur entière humanité. Une noblesse nocive faite de complexe suprémaciste et d'esprit féodalo-esclavagiste, est entretenue socialement, idéologiquement et « religieusement » pour sévir par différents procédés fallacieux face aux militants abolitionnistes. La particularité obscène de cette noblesse coutumière, c'est qu'elle n'imagine pas une vie communautaire sans classe statutaire d'esclaves. Aujourd'hui partout en pays soninké, en Mauritanie, au Mali, au Sénégal et en

Gambie, les tenants de cette noblesse soutenus par des complicités au sein des services étatiques modernes, mènent une guérilla multiforme (Harcèlements judiciaires, violences morales et physiques, expropriations, expulsions, mise en quarantaine sociale…) pour maintenir le schéma sociétal où l'esclave reste un élément social d'éternel subalterne. Selon la psychologie sociale de certains féodaux soninké, une noblesse sans possession sociale d'assignés esclaves, serait douteuse et peu valorisante. Encarté anti-esclavagiste, on peut subir les haines, les fourberies sarcastiques, les bouderies calomnieuses et d'autres remontrances venant d'un villageois austère au fond du terroir sahélien mais également d'un Docteur en *X* ou *Y* perché à Paris ou à Banjul.

Les descendants d'esclavagistes occidentaux ont pu s'inventer une norme légale communautaire appelée la Citoyenneté à la place de leur noblesse suprémaciste d'antan, ceux de nôtres sont encore dans une phase variante entre une schizophrénie intellectuelle et sociale et une bipolarité existentielle. On peut saluer Madame Taubira ici en France et haïr l'abolitionniste là-bas qui refuse le statut d'esclave dans ta propre communauté. Le cas soninké est loin d'être isolé en Afrique sahélienne, généralement dans les sociétés où la hiérarchisation sociale agit, on peut y trouver une norme d'esclavage statutaire qui sévit en « douce ».

Publié le 11 mai 2021

- **Portrait – Témoignage | Docteur Ousmane SY, un exemple de constance et de force tranquille humaniste**

Dans une note de présentation que je lui ai sollicitée, il a écrit avec une humilité édifiante que ses mots au ton d'un serment en s'engageant auprès du leader abolitionniste Biram Dah Abeid en 2010 étaient « la mise en place d'un mouvement populaire et non élitiste ».

Né en 1982 à Ndikine Aly Kane aux environs de Tekane, Docteur Ousmane SY est le fils d'un ingénieur agronome du nom de Aly Kane SY un ancien de la SONADER qui décida de revenir travailler la terre chez lui à l'approche des années 1980. Bachelier à Rosso en 2001, le jeune étudiant débarque à L'UCAD de Dakar au Sénégal et y sort brillamment avec 2 doctorats (Pharmacie et Biologie). En 2008 il réussit le concours d'internat des hôpitaux de Dakar (2ème mauritanien à réaliser cette performance), et il est titré depuis 2013 Ancien interne des hôpitaux de Dakar. Également titulaire d'un DES BC (Diplôme d'Etude Spécialisé en Science Biologique), actuellement en plus de ses fonctions de responsable de Laboratoire hospitalier des spécialités à Nouakchott, il encadre des étudiants pour leur Mémoire de Master de recherche en biologie à l'Université et enseigne les élèves techniciens supérieurs à l'École Nationale de Santé Publique. Il dispose de la qualité d'évaluateur national des laboratoires (par OMS) et participe depuis courant 2021 à un programme américain spécialisé autour de son domaine de compétences.

Il reconnaît avoir eu très jeune un certain attrait pour les activités politiques et au Sénégal il a eu l'honneur de diriger l'amicale des étudiants mauritaniens à l'époque.

En 2010, il préside IRA-Mauritanie section Sénégal et membre du bureau exécutif IRA-Mauritanie depuis 2012. Ainsi je le définis comme l'un des timoniers du célèbre mouvement abolitionniste de cette décennie écoulée en Mauritanie. Le frère et camarade Ousmane a été de ces acteurs de l'engagement pour la défense des droits humains qui ont saisi très tôt l'importance des échanges virtuels et de l'information via internet (forum, cridem, pleinrim...).

C'est à travers cette arène 2.0 que nous avons fait connaissance il y a 11 ans et j'ai pu bénéficier de lui d'un tutoriel à distance pour mes premiers pas de mise en ligne d'articles médias notamment sur le site Pleinrim avant la création de mon BLOG en 2014. Humaniste dans l'âme, il témoigne qu'aux environs de sa localité d'origine, de situations frappant certains milieux harratines, le révoltaient déjà particulièrement. Jovial, pondéré et doté d'une grande disposition naturelle à l'empathie, Dr SY incarne une constance légendaire et une force tranquille humaniste qui forcent le respect. IRA Mauritanie (Initiative pour la Résurgence Abolitionniste) fondée en octobre 2008 mais dotée d'une reconnaissance officielle en Mauritanie seulement à partir du 31 décembre dernier, peut compter sur de cadres visionnaires à la trempe de monsieur Ousmane SY très conscient des enjeux globaux et transversaux pour l'émergence d'un environnement social et politique propice à la construction d'un véritable État de droit. Ainsi un bref portrait très partiel sur cette personnalité que j'ai eu l'honneur de la rencontrer physiquement il y a presque une année (février 2021) dans les locaux de son service au sein d'un grand centre hospitalier à Nouakchott.

Je conclus par cette assertion par laquelle il définit succinctement son approche de l'engagement militant : « Quel que soit l'engagement tant qu'on n'arrive pas à définir toutes les injustices par la même définition, on ne combattra pas de manière juste contre l'injustice ».

Publié le 6 janvier 2022

- **Mali – France | Comme des embrouilles autour du ladalenmaxu soninké !**

Personnalités illustratives : Colonel Goïta né en 1983, à la tête de la junte militaire au Mali et Monsieur Le Drian né en 1947, ministre des Affaires étrangères français.

L'affaire en français facile :
L'un ne veut plus du Ladalenmaxu [16] (subordination politique, militaire et économique) en état, l'autre rechigne et traite le premier d'avoir un pouvoir illégitime et irresponsable.

On peut transposer sensiblement cette affaire franco-malienne à une tension sociale que vivent une famille de descendants d'esclaves et une famille d'anciens maîtres en pays soninké à une petite échelle. Du genre, tu refuses la subordination sociale (politique), alors je te diabolise. La constance est évidente, quand le dominé ose jusqu'à un certain niveau, le dominant perd toute lucidité, et verse dans l'agressivité verbale voire physique. L'éveil abolitionniste et anti-esclavagiste qui a émergé au sein de communautés soinkés depuis 5 ans, a subi d'innombrables épreuves violentes venant de milieux réactionnaires et féodaux. Une certaine

---

[16] Terme en langue soninké signifiant l'ensemble des rapports fonctionnels inter-castes gérant la cité et portant également une certaine subordination sociale en termes de privilèges de naissance de certains membres au détriment d'autres

intelligentsia communautaire (religieuse et profane) s'est fourvoyée par un honteux déni, une égoïste suffisance, de silencieuses complicités, d'abjects dénigrements et de fallacieuses accusations à l'encontre d'un militantisme droit-de-l'hommiste pacifique Gambanaaxu. Les familles et personnes reléguées et assignées injustement comme esclaves statutaires expriment ouvertement leurs aspirations légitimes en s'extirpant des liens sociaux humiliants connus sous le vocable soninké Ladalenmaxu. Ainsi tous les milieux féodalo-esclavagistes en pays soninké à l'échelle internationale se sont ligués dans un engrenage haineux et violent pour contenir l'éveil citoyen et humaniste. De la haine verbale, certains milieux extrémistes féodalo-esclavagistes sont tombés dans la criminalité organisée avec plusieurs violences perpétrées à l'encontre de militants abolitionnistes soninkés dans différentes localités (Bafrara, Lany, Dafort, Hamague, Hassi chaggar, kremis, Bakhamabougou, Modibougou, Djandjoumé et d'autres). Pour le cas de Djandjoumé dans la nuit du 1 septembre 2020, 4 pères de famille militants avaient été lâchement assassinés en pleine nuit par des milices féodalo-esclavagistes du village. Lire https://www.ohchr.org/FR/NewsEvents/Pages/Display News.aspx?NewsID=26219&LangID=F .

Le féodalisme et l'impérialisme, mêmes paradigmes !
NB : Si étudiants en sciences politiques et sociales par-là sont intéressés, nous avons engrangé beaucoup de cas d'exemple depuis 5 ans GAMBANAAXU … (embargo, mise en quarantaine, expropriations, accusations fallacieuses, délations mensongères, tueries, agressions, diabolisation éhontée, privations de jouissance aux biens communs…)

Publié le 2 février 2022

- **Mes arguments de plaidoyer pour l'officialisation de toutes nos langues en Mauritanie.**

Aujourd'hui en Mauritanie tout ce qui se dit et s'active autour des langues et leur statut prend inévitablement une coloration politique et même politicienne. Et si on essayait de centrer et surtout de se centrer sur nous individuellement comme élément social et citoyen par nos vécus et nos réalités du jour le jour. Je crois qu'on n'a pas besoin d'être un génie prophétique pour saisir qu'une langue maternelle fait partie des éléments constitutifs clés de l'unité centrale de notre Être multidimensionnel. Si on veut, on peut, la Mauritanie peut être officiellement multilingue sans problème comme en Bolivie où une vingtaine de langues sont officielles y compris l'espagnol, la langue de l'ancien occupant colonisateur. Je me demande en quoi l'officialisation du soninké, du wolof, du peulh et même du bambara, serait une source d'atteinte dysfonctionnelle à la langue arabe – hassanya. Je crois que cette dernière n'y perd rien du tout et peut se voir tenir sereinement hors de toute instrumentalisation politicienne d'exclusion, le statut de langue témoin de liaison entre nous et parmi nous. D'ailleurs comme la langue française que d'aucuns font semblant de l'éradiquer avec beaucoup d'hypocrisie comme elle serait une idéologie intrusive à bannir dans notre pays. Et pourtant le français tient un lien communicatif entre beaucoup de mauritaniens, et surtout chez une certaine élite transcommunautaire très branchée culturellement et intellectuellement au giron francophone et occidental à l'extérieur. Cette langue, héritage de l'ordre colonial français fait converser aisément un soninké avec un peulh, un harratine, un maure, un wolof et un bambara. L'arabe et le français, avec beaucoup de bonnes dispositions visionnaires, peuvent être à niveau égal un duo linguistique d'ouverture au monde extérieur.

Aujourd'hui les langues dites nationales, une fois qu'elles deviennent officielles, l'État par une politique intelligente de construction nationale et d'identité harmonieuse avec nos spécificités linguistiques et géographiques, doit pouvoir faire un attelage administratif et réglementaire qui ne frustrerait aucune composante sociolinguistique à terme. Nous aimons nos langues, toutes nos langues, mais ayons la lucidité nécessaire d'accepter qu'elles n'aient pas toutes les mêmes possibilités internationales aujourd'hui. Ainsi menons des plaidoyers équitables adaptés à court, à moyen et à long terme. Un préfet maure qui parle couramment le soninké appris à l'ENA (devenu INSP[17] depuis janvier 2022) qu'on pourrait affecter prioritairement à Ould yenge (Guidimagha) ne serait pas moins méritant qu'un diplomate arabisant universitaire nommé aux nations unies. Que nos autorités osent sincèrement poser les jalons d'une Nation Mauritanienne fière de ses spécificités internes et ouverte au Monde de son temps. Trait-union entre l'Afrique subsaharienne et le Maghreb, on apprenait à juste titre en histoire géo à l'époque. Alors assumons ce que nous sommes réellement en officialisant toutes nos langues et en faisons un usage pertinent et pragmatique qui embrasse paisiblement nos réalités. Entre temps, à nous de donner corps créatif et support réellement à nos langues sans symboles alphabétiques « innés ». Au contraire de l'arabe-hassanya qui est porté par l'officialité de l'arabe classique, les autres langues sont orphelines historiquement de cette donnée cruciale donc

---

[17] L'institut national du service public

elles se trouvent reléguées à la traîne même dans leur environnement naturel et majoritaire d'expression. Il faut du boulot, beaucoup même pour qu'on se mette à jour dans nos langues, et certains s'y travaillent historiquement à travers des associations dédiées. Il en faut plus à mon avis, pour arriver à structurer d'une manière soutenue le fond linguistique et à familiariser la masse de locuteurs. Par exemple, moi personnellement, Wali (gouverneur) et Hakem (préfet), je ne connais pas mot à mot leurs équivalents en soninké. Il est urgent d'asseoir mieux l'aspect technique de nos langues dites maternelles avec beaucoup de contenus.

Les caractères latins sont déjà choisis, et les génies et les courageux ne manqueront pas de prouver le contraire de ce qu'on fuit par paresse maladive et aliénation intellectuelle. Il est de facilité notoire, qu'on croit que les contenus scientifiques sont hors de portée de nos langues maternelles. Notre jeune compatriote mathématicien exerçant à Londres, M. Mouhamadou SY dit Pullo Gaynaako clame et démontre pertinemment avec beaucoup de science, que la langue peulh prend et comprend toutes les subtilités mathématiques comme toute autre langue. Un post Facebook qu'il a publié récemment démontre à juste titre qu'un groupe de gens n'ayant jamais fréquenté l'école a su apprendre des outils mathématiques.

Cet élément illustratif m'a personnellement interpellé avec un bref feedback mémoriel sur les activités commerciales de mon père (paix éternelle à son âme) décédé il y a 13 ans. Illettré, il fut, mais commerçant négociant en sommant de troupeaux de bœufs du village vers le marché sénégalais généralement à Dar Diolof et Dakar durant de nombreuses années (débuts des années 1970... jusqu'à 2002). Après la vente des animaux, il revenait avec d'autres marchandises d'importation ou de la devise étrangère. En gros je veux signifier qu'une certaine comptabilité était nécessairement tenue pour se retrouver dans pareille activité. Je m'étais rendu compte de la complexité des choses 2004, quand j'étais sur la même aventure en compagnie d'un oncle décédé également il y a quelques années (paix éternelle à son âme). Nous avions pris les transports communs du Guidimagha pour rejoindre Dar Diolof, les bergers et les bœufs partis il y a quelques jours déjà. Une fois sur place, il y a des jours ouvrables où des puissants acheteurs venaient de Dakar pour prendre par plusieurs dizaines de têtes de bœufs, et on s'était libérés après 2 ou 3 jours de marché. De Dar Diolof en passant par Dakar jusqu'au retour au village (Dafort), je tenais mes chiffres à l'aide d'une calculatrice et d'un carnet de notes. Conclusion, nos gens illettrés tirent et tiennent naturellement de notre environnement de notions complexes de calculs, et ils les faisaient comprendre par nos langues maternelles avec aisance. Autre élément non de moindre, il y a bientôt une année, un professeur et lettré en sciences islamiques du nom de Cheikh Mohamed Diakho Tanjigora a publié le Coran entier traduit en soninké (sens de versets), Lire https://soninkideesjose.wordpress.com/2021/04/28/la-parution-dun-ouvrage-dune-portee-intellectuelle-monumentale-en-milieux-soninkes-le-saint-coran-traduit-en-langue-soninke-par-le-professeur-muhammad-diakho-tandjigora/ . Ainsi les 6 236 versets ou signes ont été portés et contenus intelligiblement dans la langue soninké en utilisant l'alphabet latin. Un travail monumental qui a certes mobilisé du temps et d'efforts colossaux, mais la production est là donc en la matière tout est réalisable quand on veut et on y met les moyens. Aujourd'hui en Mauritanie, la documentation administrative nécessaire à la bonne marche au service des populations concernées, peut être traduite et disponibilisée dans toutes nos langues « naturellement » officielles.

Il faut le vouloir, je rappelle qu'il y a des pays où il y a une vingtaine de langues officielles, nous sommes à quatre ou 5 seulement !

Publié le 24 mars 2022

- **La parution d'un ouvrage d'une portée intellectuelle monumentale en milieux Soninkés | Le Saint Coran traduit en langue Soninké par le professeur Muhammad Diakho Tandjigora.**

Ce 24 avril 2021 qui correspond au 12 Ramadan 1442 AH est marqué par la sortie publique d'un Livre écrit par un lettré intellectuel soninké en sciences islamiques, cheikh Muhammad Diakho Tandjigora connu Abu Alyas. Il est originaire du Sénégal, du village de Kougneny en pays soninké. Cet ouvrage est la traduction intégrale du sens des versets du Saint Coran de l'arabe vers la langue soninké (en alphabet latin). Ainsi les 114 Sourates (petits et grands chapitres) faisant 6 236 versets ou signes, qui composent le Livre Saint de l'Islam, la religion de plus d'un milliard d'individus à travers le monde, sont fixés intelligiblement dans l'idiome soninké académique en vigueur de nos jours. Le Coran ou le Qur'ân, la Source originelle et originale de la Dernière Révélation Divine descendue sur le Prophète Muhammad (Paix et Salut sur Lui) il y a 14 siècles en Arabie. Cette production colossale réalisée par Monsieur Tandjigora peut être comparée en portée symbolique, littéraire et intellectuelle à une œuvre pionnière en la matière de l'universitaire chercheur et

73

théologien d'origine indienne Muhammad Hamidullah (1908 – 2002). Ce dernier fut le premier traducteur musulman du Coran en français en 1959. Par ailleurs l'ouvrage du professeur Muhammad Diakho peut être un stimulant Miracle pour booster l'apprentissage de la langue soninké et permettra dans l'avenir une fine vulgarisation du texte coranique pour les masses lettrées. Dans notre monde actuel il n'y a pas d'idéale promotion pour une langue de modeste statut communautaire, comme ce travail littéraire éminemment dense qui la relève et l'enrichit dans le fond et dans la forme. Nos félicitations renouvelées à l'auteur et à l'ensemble de ses partenaires ayant contribué de différentes manières à cette prodigieuse réalisation.

L'Histoire avec un grand H la retiendra pour la postérité et elle fera office de socle-référence pour d'autres vocations à coup sûr. Que la *Récompense Divine* vous soit amplement garantie, cher oncle.

Publié le 28 avril 2021

• **Éléments biographiques de cheikh Madiakho Tandjigora**

Nom complet : El-haj Mohamed ibn el-haj Aboubekr ibn mohamed khalil Tandjigora connu également sous le teknonyme (kunya) Abu Elyas

Il est ressortissant du village soninké de Kounghany au Sénégal, d'une famille des lettrés religieux et prédicateurs originaire du Mali. Une famille issue de l'ensemble clanique des Cissé. Né en 1953, le professeur communément appelé cheikh Madiakho, est une voix intellectuelle, spirituelle et sociale qui a une certaine aura auprès des communautés soninkés à travers le monde. Un lettré traducteur, prêcheur consciencieux et penseur très dynamique en réflexions sur l'héritage intellectuel et savant de la voie classique sunnite. Ouvert et témoin de son temps, on peut l'encarter également comme fin éducateur, philosophe, psychologue et observateur attentionné des relations internationales.

L'auteur du livre du Saint Coran traduit (sens des versets) intégralement en langue soninké paru en avril 2021, voir ce lien https://soninkideesjose.wordpress.com/2021/04/28/la-parution-dun-ouvrage-dune-portee-intellectuelle-monumentale-en-milieux-soninkes-le-saint-coran-traduit-en-langue-soninke-par-le-professeur-muhammad-diakho-tandjigora/ , est l'objet de notre modeste contribution retraçant quelques éléments biographiques de sa vie. Ici nos sources sont tirées d'une vidéo YouTube https://youtu.be/doMWQg2JVws de la rencontre publique en date 22 février 2016 entre le cheikh et des étudiants soninkés à l'université de Médine en Arabie Saoudite.
Ci-dessous notre transcription réalisée après une soumission au professeur pour vérification et corrections :

• Parcours d'études et enseignants fréquentés :

- Initiation Étude du Coran auprès de cheikh Sikhou Mama Diakho 1957-1961
- Mémorisation d'une partie du Coran auprès d'un lettré religieux Peul cheikh Ahmed Ba 1961 – 1962
- Mahadra de cheikh Hamidou Sita Tandjigora

- Mahadra (10 ans d'études) de cheikh Fodie Makha Dramé de Moudery (décédé 1988)
- Auprès de Kandioura Lamina Dramé
- Auprès de cheikh Al-housseinou ibn Assoura Dramé

- Auprès de cheikh El-haj Bouna Diakhité de Bakel.
- Auprès de cheikh El-haj Fodie Makha Touré

• Les efforts et réalisations dans la prédication et l'enseignement :
- Postes d'imam en France :
À Rouen, Miramas, Toulouse, Paris 19ème Foyer Boulevard de la Commanderie
- Ses cercles d'études et d'enseignement fondés :

Séances de Tafsir dans Paris 14ème arrondissement (à partir de 1994…)

• Établissements fondés au Sénégal et en Gambie :
- Création avec d'autres partenaires d'une Madrassa (Ibn Massaoud en 1998) à Dakar
- Création avec 2 autres partenaires d'une Madrassa (Ibn Massaoud en 2000) en Gambie
- Création d'une Madrassa dédiée aux filles et femmes (Ibn Massaoud en 2000) à Dakar
- En 2006, fondation d'un collège franco-arabe et de Mémorisation du Saint Coran

• Ses ouvrages et livres en projet :
39 recensés publiés ou manuscrits en projet.

Je peux citer certains de ses livres en français que j'ai eu la chance de lire :
- Servitude à Dieu d'Ibn Taymiyya (Introduit, traduit et annoté) paru en 2014
- Le mariage forcé en Islam : Des origines coutumières et ancestrales paru en 2006

- L'esclavage en Islam (Entre les traditions arabes et les principes de l'Islam) paru en 2004
- Déontologie de l'exégèse coranique dans l'enseignement d'Ibn Taymiyya (Introduit, traduit et annoté) paru en 2013

Publié le 6 janvier 2023

- **Quelques éléments biographiques de feu Professeur Abdoulaye Bâ de la ville de Diawara (Sénégal)**

• Né en 1941 – décédé le mercredi 19 avril 2023 à Paris
• Son père : El-haj Bouna Bâ
• Sa mère : Lagane Bonco Dramé originaire du village de Galadé

~ Parcours d'apprentissages, d'études et professionnel : Cercles d'initiation aux enseignements et de fiqh (jurisprudence) au sein de sa famille (Xaran yimbé et Moissi Ngalé). Cet enseignement lui avait été dispensé par son grand-frère Mohamed Bâ Malado.
Ce dernier, aîné de la famille avait pris le relais du cercle traditionnel d'études (Moissi Ngalé) de leur père qui décéda quand le professeur Abdoulaye Bâ était âgé de

12 ans. Dans l'élément vidéo YouTube https://youtu.be/ly_b0MVTHG datant de 2018 que nous avons exploité comme source, cheikh Abdoulaye Bâ assure que son grand-frère lui avait inculqué de valeurs liées aux études et au respect des enseignants. Arrivé en France en 1962, il la quitta pour l'Égypte en 1964 pour poursuivre ses études. Il assure n'avoir aucune connaissance ni contacts dans ce pays auparavant. Une fois sur place après diverses prises de contact auprès des services de la représentation diplomatique de son pays, il avait pu intégrer un cursus d'études du système scolaire et universitaire sanctionnant avec un diplôme.

De retour au Sénégal, il intègre l'école normale supérieure pour une formation pédagogique après avoir suivi des cours accélérés en langue française. En sortant il a été affecté comme professeur au lycée Blaise Diagne de Dakar (sur une durée approximative de 20 ans).

En parallèle il a assuré des cours d'arabe à l'école normale supérieure comme professeur vacataire. Auprès du cercle traditionnel d'études dans son environnement familial, son statut de lettré diplômé à l'étranger n'avait pas causé de frictions. Il s'est senti soutenu et encouragé notamment par son premier maître-enseignant, son grand-frère Mohamed Bâ Malado.

Dans la communauté soninké à l'international, il a été une voix respectable et pertinente dans la prédication et le prêche du juste milieu. Conférencier et éducateur, celui qu'on appelle communément Cheikh Abdoulaye Bâ, a rempli sa mission et sa responsabilité à la hauteur de ses compétences et de ses efforts vis à vis de la oumma et en particulier pour le monde soninké. Qu'Allah l'accueille parmi les âmes vertueuses pour l'éternité, Ameen. Notre Blog adresse nos fraternelles condoléances à sa famille, au peuple sénégalais et à l'ensemble de la communauté musulmane et soninké.

Source : éléments tirés d'une interview en date d'avril 2018 par messieurs Bouba Magassa et Abderrahmane Korera, voir l'intégralité via ce lien YouTube https://youtu.be/ly_b0MVTHGc

Publié le 3 mai 2023

- **Événement : Un passage au Salon du Livre Africain de Paris 2023**

Au cœur de la capitale française, dans les bâtiments de la mairie du 6ème arrondissement, s'est tenu le Salon du livre Africain de l'édition 2023. Et c'était du 17 au 19 mars, un événement livresque important consacré à la littérature afro-africaine.

Ce dimanche 19 mars, nous avons été de passage comme apprenti « philoso-littéraire » en visitant plusieurs stands d'auteurs et d'éditeurs qui exposent dans différentes salles très spacieuses. Une affiche de l'événement annonce que la Guinée Conakry est le Pays invité d'honneur de cette édition.

À noter la présence remarquée de l'influent universitaire et penseur sénégalais Souleymane Bachir Diagne. Nous avons eu la chance d'assister dans le public à 2 rencontres en salle avec ses brillantes contributions. L'une lors de la Conversation autour du ***Contrat Racial*** du philosophe Charles W. Mills. Le commentaire de M. Diagne en *live* sur cet ouvrage, suivi de la prise de parole de l'éditeur Haïtien-canadien, a été une belle découverte pour moi, et je l'ai acheté dans la foulée.

La seconde rencontre a été une mini conférence de haute volée intellectuelle qui est titrée « La philosophie en toutes lettres ». Les auteurs qui ont pris part aux discussions sont en plus de Souleymane B Diagne, Jean-Luc Aka-Evy et Daniel Dauvois. Ce dernier est l'auteur d'un ouvrage sur une figure intellectuelle du 18ème siècle très peu connue comme a été relevé dans les discussions à son propos. Il s'agit de Anton Wilhelm AMO (Africain originaire de l'actuel Ghana et devenu allemand) professeur d'université à son époque.

Arrivé en Europe adolescent par les griffes de l'esclavage, bénéficiant d'un cadre intellectuel aisé, il serait le premier africain ayant fait des études supérieures à ce niveau en Europe occidentale et accéda au corps professoral par la suite.

Publié le 20 mars 2023

- **Élections générales de 2023 en Mauritanie | Retour d'expérience militante**

~ Sur les gagnant.es :

Mes félicitations fraternelles et citoyennes aux compatriotes ayant été élus ou reconduits dans leurs mandats respectifs (les Mairies, le Conseil régional et le parlement). Également aux perdant.es qui sont gagnant.es à bien des égards dans cette aventure civique qui révèle "humanités" et "personnalités" que renferment nos identités brutes. Aspirer à mener la direction des affaires publiques est très louable, on s'y fait une certaine violence intime. Ainsi je clame bravo aux uns et aux autres !

Le coup de maître inédit à signaler désormais dans les annales politiques du Guidimagha, est du fait d'un génie stratège dénommé Waly Diawara et ses camarades. Sous un étiquetage politique de "circonstances" du parti Udp (Union pour la Démocratie et le Progrès) de l'inoxydable Naha Mint Mouknass, le groupe de M. Diawara a raflé plusieurs mairies, 4 postes de députés sur 8 possibles et plusieurs conseillers régionaux, surtout a raté de peu la très prisée présidence du conseil régional du Guidimagha.

Les représentants locaux du parti principal encarté majorité présidentielle El Insaf (Parti de l'équité) ont été bousculés (ballottages serrés) et mis à l'écart (battus sèchement au 1er ou au second tour) pour certains. Le cas du département de Ould yengé est significatif dans ce sens, au deuxième tour des législatives, les candidats Udpéistes écrasent les Insafistes (avec un candidat ancien ministre) avec un écart de quelques milliers des voix (11 088 contre 6 982). Dans la commune de Dafort, une ingénieuse candidature iconoclaste sous la couverture d'Udp a délogé une direction municipale en place depuis quasiment 3 décennies. À noter les candidatures du pôle de l'alternance (sous la couverture légale Sawab) dans les données électorales d'équilibre et de positionnement comme "faiseur de roi" au second tour dans certaines zones.

~ Sur Le Parti RAG-France :

Cette instance politique est âgée d'à peine 7 mois (sa première réunion organique date du 10 décembre 2022 à Montreuil). Le Parti RAG (Refondation pour une Action Globale non reconnu à ce jour par les autorités de Nouakchott) est l'aile politique émanant des rangs militants et sympathisants du mouvement antiesclavagiste mauritanien IRA-Mauritanie (Initiative pour la Résurgence Abolitionniste fondée en octobre 2008 et très tardivement reconnue par les autorités en fin 2021) et du député national M. Biram Dah Abeid. La section du parti RAG a été formée par différents militants proches d'IRA-France et des soutiens politiques historiquement encartés du leader abolitionniste mauritanien. Et je m'identifie dans cette dernière catégorie et depuis l'échéance présidentielle de 2014, mes frères et camarades Brahim Ali et Mohameden Zahaf sont l'un ou (et) l'autre de relais sûrs sur lesquels j'adossais mon expression militante contributive pour les thèses droit-de-l'hommistes et politiques défendues vaillamment par Biram. L'école politique *Biramiste* a été (est) une source d'inspiration porteuse de principes fondamentaux qui correspondent à la vision que j'aspire en matière politique (emprise directe citoyenne avec les populations, universalisme, progressisme, droit-de-l'hommisme…).

En résumé un paradigme dé-communautariste d'un militantisme cohérent et transversal qui sanctifie la qualité citoyenneté sur toutes autres considérations raciales ou tribales. Ainsi la section RAG France s'est hissée aux défis en face (internes et externes) pour participer aux législatives (poste de député de la circonscription Zone Europe). Avec un arbitrage confié à notre direction de l'intérieur et ses partenaires (coalition de l'alternance), un ticket de candidature a été choisi. Le camarade Dr Ba Boubou, juriste de formation a été désigné et la camarade Madame Salamata LÔ lui a été adjointe comme suppléante. Par une dynamique campagne électorale menée en équipe sous la direction de notre très investi secrétaire général M. Elhadj Fall, nos candidats sous la couverture légale du parti Sawab arrivent à la deuxième position derrière les représentants du parti du gouvernement Insaf. Mes salutations citoyennes à nos compatriotes qui nous ont fait confiance avec 729 voix (18.40% au premier tour) avec une participation pointée à 73.11%.

Au second tour tenu le 27 mai 2023, cette dernière a chuté de plus de 20 points (51.63%) et le candidat Insaf M. Diawara Issa a été élu avec 57.79% contre 40.38% (1211 voix) pour notre camp.

Mon amicale reconnaissance et mes vifs encouragements à notre *Team* RAG-France et d'autres compatriotes (familles et proches de nos candidats) investis vaillamment dans cette aventure politique et je réitère ma fierté pour y avoir pris part avec nos moyens très serrés dès le départ. Je cite et loue ici l'implication notable de notre mère et tante à tous, Néne Daya connue Mme Thioye Kadiata, la mère de notre camarade suppléante Salamata LÔ.

Sur le volet de nombreuses et riches rencontres lors de cette campagne, je tiens à noter celle d'Orléans auprès de nos compatriotes et en particulier l'échange émouvant avec notre oncle et doyen Kebé Abdoulaye (ancien gendarme ayant vécu l'emprisonnement sous le régime de Ould Taya). En région parisienne chez l'expérimenté militant multi-casquette M Baba Ould Jiddou (APP Europe), en accompagnant notre candidat Dr Boubou BA, j'ai eu l'occasion de rencontrer l'intellectuel mauritanien M. Jemal Ould Yessa. Un esprit futé aux mots avisés qui inspirent.

"Nous reviendrons" comme dira un certain K. Mbappé, in sha Allah !

~ Un vote entre plusieurs communautarismes :

Avoir une communauté de vues, en *speech* diplomatique, sonne en creux comme nos positions se retrouvent sensiblement sur tels ou tels sujets ou enjeux. Les enjeux ou les sujets mis en exergue suscitent et conditionnent nos différents positionnements sociaux et politiques. Ainsi Voter ou choisir une personne pour la direction des affaires publiques, est un gros enjeu dans nos milieux où peu sont interpellés par les éléments programmatiques d'un candidat. L'engagement politique sous nos cieux est pris aux pièges d'une structuration sociale prégnante qui relègue en marge les idéaux portés par de partis et hommes (femmes) politiques. Dans l'électorat ou les électorats, plusieurs communautarismes y composent selon les données d'appartenance raciale, sociolinguistique et statutaire. Lors du scrutin pour l'élection du député de la diaspora mauritanienne Zone Europe au suffrage direct, nous avons constaté en plus de plusieurs candidats en lice, certains positionnements dans l'électorat au premier tour et au second tour. Finalement le bloc de l'opposition qu'on croyait majoritaire sur la base des données électorales de la présidentielle de 2019, n'a pas su gagner ce poste de député paraissant pourtant prenable. Les motivations intimes des uns et les autres au sein de l'électorat, et certains arguments de campagne diffus en sourdine ont brouillé toutes les données attendues en matière de prédictions logiques. Le camp du pouvoir avec le député sortant y a largement profité au second tour avec l'aide d'une forte abstention. Cette dernière a une certaine motivation qui sous-entend un communautarisme très lisible quand on observe objectivement les données de listes électorales. L'appel à un sursaut républicain lancé par plusieurs candidats et partis politiques en faveur du candidat du pôle de l'alternance, n'a pas eu l'effet escompté. Ainsi, prochainement cette opposition aurait intérêt à un travail militant de concertations et d'unité en amont pour espérer mieux.

Publié le 1 juin 2023

- **Le fonctionnement interne de nos communautés est antinomique à l'exercice effectif d'un état de droit**

En République islamique de Mauritanie, si l'Etat a un système de fonctionnement porteur d'injustices et de discriminations raciales, sociales, politiques ou administratives, il faut l'admettre qu'il a comme complicités ou témoins actifs, nos différentes communautés dans leur émanation traditionnelle. Les sous-systèmes inégalitaires qui régissent nos communautés hiérarchisées font partie de la substance qui fait l'Etat. Quand dans une localité, un maire se laisse dicter sa conduite par les humeurs d'un chef coutumier et son clan féodal, des défenseurs d'un système féodalo-réactionnaire reconnaissent ouvertement qu'ils rencontrent un gouverneur pour plaider la pérennité de ce système intra-communautaire. Ainsi indexer les travers d'un État sans nommer la substance principale qui le porte, c'est vriller volontairement en vain. Depuis Moktar Ould Daddah (le premier président mauritanien 1960-1978, décédé en octobre 2003) jusqu'aujourd'hui, chacune de nos communautés fait partie active avec l'Etat d'une manière ou d'une autre donc porte une certaine responsabilité de ce qu'on peut reprocher au système étatique ici et là. Les relais fonctionnels de l'Etat sur le terrain sont toujours les mêmes et l'expression effective de l'état de droit peine à prendre corps face à ces écueils qu'on feint d'ignorer dans nos dénonciations publiques. On n'incite pas l'individu à se « citoyenniser » par le droit, au contraire il est brimé et poussé vers plus de communautarisme et de tribalisme comme seul enclos refuge. Ainsi on le contraint à une soumission sociale par le diktat d'un régime féodal et même esclavagiste selon le schéma sociétal en place.

La qualité du Citoyen doit prévaloir sur les communautés dans leur émanation traditionnelle foncièrement inégalitaire. Pour cela, il faut un gros travail de formation en amont pour le personnel administratif, judiciaire et sécuritaire et également un suivi rigoureux sur ce qu'il fait sur le terrain auprès des populations. La juxtaposition sociale fonctionnelle avec beaucoup de tromperie et de d'hypocrisie au sein de nos communautés fait un certain écho à ce qu'on indexe ailleurs comme la problématique de cohabitation entre communautés sur l'échelle nationale. Le féodalo-réactionnaire soninké peut être contestataire face à un suprémaciste arabo-berbère mais peut lui concéder sournoisement l'aspect de son esclavagisme interne. C'est ainsi il y a beaucoup d'intersectionnalité dans la chose « injustices » chez nous.

Publié le 27 novembre 2022

- **Le Mondial de football 2022 au Qatar s'est ouvert | le Mot du Blog**

Qatar est un émirat religieusement encarté d'obédience salafi-wahabite si je ne me trompe pas. Quand on voit ce que les Qataris osent franchir en matière d'ouverture par rapport aux rigidités quasi-excommunicatrices attribuées à certaines visions et compréhensions du prêche salafi-wahabite, on peut dire que l'espoir est permis. Ainsi au sein de nos milieux indigents intellectuellement et économiquement, il est temps de revoir les prêt-à-pensées qui sont diffusées par un apprentissage sournoisement belliciste. Cet apprentissage se réclamant « salafi » n'est rien d'autre qu'un abrutissement certain qui se développe à terme parmi nos masses populaires. Quelle tristesse de constater qu'on fasse l'apologie d'un fatalisme braqué là où on a soif et faim ?

À la place de la promotion de l'intelligence, ce courant salafi-wahabite nègre qui gesticule dans nos communautés, prêche un suivisme obsessionnel quasi maladif. Une police psychologique s'installe peu à peu et les vocations pour des grandes visions de développement multidimensionnel se trouvant brimées, certains prêcheurs répètent les textes et font fi des contextes. Schizophrènes, ils deviennent socialement et religieusement, la société en pâtit affreusement. Le dénuement matériel suit en toute logique le vide intellectuel construit par une pâle répétition. Les petits gourous répétiteurs se font dans leurs imaginaires, leur îlot émirat chariatique 2.0. Quand ça prêche, ils jugent, indexent, condamnent, refoulent, étiquettent, excluent et lancent l'anathème sur toute autre voi(x)e de compréhension.

Dans le discours d'ouverture, l'officiel Qatari a fait référence au monde arabe juste après le Qatar, et ça a du sens profond pour lui et normalement ça devrait avoir un autre sens alerte pour le monde musulman non arabe surtout du côté africain.

Pour lui, la fierté liée à la nation arabe n'est pas la fierté liée à l'oumma islamique, et il n'a pas tort. Aux autres nations musulmanes non arabes de se raviser sur certains paradigmes existentiels.

À chacune de s'organiser selon ses priorités sur Terre, chez nous, certains lettrés sous cette même coloration salafi-wahabite sont en furie d'excitation pour contrer certains de nôtres qui refusent la soumission sociale dans l'esclavage par ascendance intra-muros. Un vrai questionnement civilisationnel est à relever en l'occurrence, le saoudien wahhabite ne dirait pas qu'un houthi « chiite » saoudien serait un descendant d'esclaves qui se rebelle.

Les nations dotées d'une certaine dignité peuvent durement s'affronter en guerres intestines (civiles, politiques, confessionnelles…) mais ils s'évitent en interne l'asservissement esclavagiste.

Qu'on arrête nos éléments porteurs du prêche vide intellectuellement dans nos communautés. J'avais lu une fois sur la famille Al-Saoud, notamment sur l'actuel prince Mohamed Ben Salman qui aurait 2 frères hautement diplômés (haute technologie et finance).

Chez nous, certains qui se réclament de leur obédience salafi-wahabite, veulent qu'on rase les murs intellectuellement et économiquement dans nos enclos d'imaginaire puritanisme miséreux.

Il y a du travail, beaucoup de travail !

Publié le 21 novembre 2022

- **Mot du Blog | Après le visionnage d'un épisode du film en pré montage de Michael Hoare sur une phase tumultueuse de la vie politique mauritanienne.**

Un événement organisé à Paris ce samedi 29 octobre 2022, par l'association Avenir vivable http://www.avenirvivable.ouvaton.org/. Au sein de la Halle Saint Pierre dans le 18ème arrondissement à quelques pas du touristique Sacré Cœur.

Avant la projection, un fils de monsieur Hoare nous a servis une brève présentation de 3 artistes peintres mauritaniens. Il s'agit d'Amy Sow, d'Oumar Ball et de Saleh Lo. Il a annoncé un chiffrage donnant que la Mauritanie compterait autour de 100 artistes peintres et que le domaine n'est pas assez valorisé.

L'épisode du film retrace une partie tumultueuse de l'historique politique mauritanien. Le réalisateur précise que d'autres épisodes ont été diffusés et en accès libre via sa plateforme YouTube https://youtube.com/user/HoareMichael. Et d'autres vont suivre prochainement.

Le titre de l'épisode du jour est « Des années 70 à la rédaction du Manifeste du Négro-mauritanien opprimé » devant le public d'une vingtaine de spectateurs, il retrace un pan de l'histoire politique mauritanienne. Archives télévisuelles et des témoignages d'acteurs de l'époque, le film est très instructif et donne un aperçu fouillé sur cette période politique tumultueuse dont les répercussions restent marquantes dans les enjeux tendus d'aujourd'hui.

Notamment ceux qui sont liés à la problématique de la cohabitation entre communautés ethno-raciales en Mauritanie. La question sur l'identité du pays a surgi dès sa naissance, et j'ose remarquer qu'il n'a pas eu de baptême consensuel pour la jeune personnalité « Mauritanie ». Son premier président feu Moktar Ould Daddah opta pour un forcing unilatéral vers l'arabité au profit de son ensemble ethno-racial d'origine (arabo-berbère). En face l'ensemble négro-africain (hors harratines) se sentant piégé par un processus d'arabisation de la personnalité politique et culturelle « Mauritanie », a réagi avec de groupes contestataires qui émergent contre l'ordre étatique en déséquilibre progressif entre les 2 ensembles. Ainsi on notera l'affaire des dix-neuf du Manifeste de 1966, par la suite la composition clandestine des Flam (Forces de libération africaines de Mauritanie) en 1983. En 1986, le Manifeste du Négro-mauritanien opprimé est sorti et non signé selon les propos de monsieur Ibrahima Abou Sall (co-rédacteur du Manifeste). Intervenant principal dans le film, monsieur Sall était présent physiquement dans la salle et ses réponses et explications ont été édifiantes avec quelques détails poussés. D'ailleurs j'ai des regrets de n'avoir pas filmé son intervention après le visionnage du film. Dans le documentaire, j'ai observé une analyse clinicienne dans certains propos du Chercheur mauritanien Abdel Wedoud Ould Cheikh. En substance dans un propos, il laissait entendre qu'à la genèse de cette Mauritanie au départ, il y a eu affrontement pour le pouvoir (sources de richesses et de puissance) entre les milieux élitistes et lettrés issus des aristocraties ethno-raciales de deux ensembles (arabo-berbère et négro-africain).

À titre informatif, on apprend que le Manifeste d'avril 1986 est composé de 46 pages et a été traduit en arabe et en langue pulaar. Monsieur Sall, secrétaire des Flam au premier congrès (13-14 mars 1983) assure qu'ils ne trouvaient pas de traducteurs soninké et Olof en qui ils avaient confiance vu la situation de clandestinité de la mission.

Publié le 30 octobre 2022

- **À propos de Gambanaaxu Fedde, ces artistes chanteurs qui se libèrent peu à peu des pressions du camp féodalo-réactionnaire soninké !**

Le *lion* Diaby Doua Camara (paix à son âme) chantait un titre « Odoïme Kita » sonnant en langue soninké comme « Notre indépendance (notre liberté) est acquise ». Un esprit *woke* souverainiste avant l'heure qui mettait en valeur l'indépendance de nos pays après le départ de l'ordre colonial blanc. À l'époque certains de ses fans du corps communautaire soninké n'entendaient le sens profond de ce titre que sous l'angle générique d'un parfum panafricaniste mélodieux. Et pourtant ça clamait « indépendance et liberté », ainsi au sein d'une communauté où règne un abject esclavage coutumier socialisé comme « valeur culturelle » à préserver, on aurait aimé voir sa réaction par rapport à l'éveil abolitionniste massif qui traverse soninkara aujourd'hui. Il décéda il y a 23 ans (en juin 1999) à quelques mois de l'entrée dans le 21ème siècle, et le pays soninké d'alors n'est plus. Celui d'aujourd'hui vit quelques tensions sociales rudement convulsives liées à un engagement pour la liberté sociale et citoyenne en interne porté par la mouvance anti-esclavagiste transnationale Gambanaaxu Fedde. Depuis fin 2016, un rejet décomplexé de l'esclavage par ascendance qui sévit par ses manifestations sociétales porteuses d'innombrables discriminations à l'encontre d'un pan entier de la société soninké. En face un déchaînement de violence verbale (apologie de l'esclavage) et physique (agressions, assassinats, expropriations, expulsions, diverses privations...), est orchestré par un ramassis d'extrémistes féodalo-esclavagistes bénéficiant d'un laisser-faire tacite et actif de l'ordre coutumier dominant.

~Quelles positions pour nos artistes soninkés (rappeurs et chanteurs traditionnels) ?

L'écrasante majorité s'est effacée par une certaine indifférence complice pro réactionnaire. Vivant d'un parasitisme social et folklorique, ils préfèrent se taire sur l'affaire pour certains et d'autres font même de la provocation apologiste de cette tare sociale en louant le maintien du statu quo (à chacun son héritage à assumer et à perpétuer, l'esclavage aussi). C'est le cas de la bande à Lass Awa, un chanteur malien vivant en France qui se singularise dans cet engrenage provocateur en clamant l'apologie d'esclavage dans la communauté. L'esclavage relevé comme crime contre l'humanité en France et ailleurs, est promu ouvertement sous sa version coutumière par ces artistes du ventre et du paraître en milieux soninkés. Un travail militant est plus que nécessaire ici en France et dans nos pays d'origine pour exposer et judiciariser avec pertinence cette rengaine décomplexée qui magnifie un tel crime.
Les rappeurs porteurs attendus d'un verbe révolutionnaire et subversif peuvent mieux faire à mon avis. Il est vrai qu'il leur faut payer un coût au niveau de la popularité. Dégoupiller ce monde à tabous qu'est l'ordre féodalo-réactionnaire soninké en investissant le champ du militantisme vif par son art, il faut une grande force de conviction et de caractère. Ici je prends

l'exemple de monsieur Papa Hamady Coulibaly alias Yimbi kumma qui, très tôt a été une voix qui dénonce cet ordre féodalo-esclavagiste soninké en Mauritanie. Il a été indexé, insulté, black-listé et censuré par un certain ordre communautaire. Je peux citer notre contribution datant de septembre 2015 à son sujet. Il avait été empêché dans ses projets de concerts dans certaines localités du Guidimakha en Mauritanie, une note de soutien à son endroit est reprise dans mon ouvrage Mes Écrits Osés paru ces derniers jours via Amazon https://amzn.eu/d/4R0fqa9 , Contribution 38 à la page 202 en date du 4 septembre 2015. L'histoire retiendra son statut de pionnier téméraire en la matière pour avoir interpellé les consciences dans soninkara et au-delà. Ainsi que d'autres comme le percutant Ousmane Koboré Diallo alias Linky Lk. Certaines figures artistes soninkés (ou d'origine soninké nés en France) dotées d'une certaine visibilité médiatique notamment sur les réseaux sociaux, font semblant d'ignorer la problématique d'esclavage dans la société ou ne dénoncent qu'à minima les faits de violences graves comme l'assassinat 4 militants anti-esclavagistes à Diandjoumé (Mali, région de Kayes) en septembre 2020. Et récemment fin juillet 2022 à Lany au Mali également avec l'horrible assassinat de la tante Diogou Sidibe 70 ans qui refusait les coutumes esclavagistes.

À noter ces derniers mois, un affichage décomplexé et salutaire de plusieurs chanteurs traditionnels qui mettent en valeur les idéaux d'égalité, de fraternité et d'entente dans le sillage du vocable Gambanaaxu entre les soninkés. Je dirais, ils se libèrent avec force et dignité et la cause anti-esclavagiste et abolitionniste ne peut que gagner d'épaisseur militante. Je pense aux sorties grandioses de monsieur Baleme Kandji Traoré, artiste mauritanien natif de Dafort.

Il appelle à l'unité et à l'égalité dans le corps social sooninké, malgré les détracteurs insulteurs qui pullulent contre lui sur les réseaux sociaux (particulièrement sur TikTok). D'autres artistes chanteurs commencent à se défaire du trac psychologique concernant l'engagement anti-esclavagiste Gambanaaxu et les militants qui le portent. Le week-end dernier, j'ai été témoin d'un cas type lors d'une rencontre socio-culturelle.

La peur bleue des représailles sociales venant du camp féodalo-réactionnaire à l'encontre des artistes chanteurs osant répondre et se reproduire lors d'événements sociaux ou culturels organisés par des familles ou des entités associatives encartées Gambanaaxu, sera évacuée peu à peu.

Espérons-le !

Publié le 27 octobre 2022

- **Note de lecture sur l'ouvrage du journaliste Serge Bile « Quand les Noirs avaient des esclaves Blancs »**

Un livre-voyage | De Dinga, le soninké Doumbé de Wagadu au règne Askia du monde Songhay.

Un livre très informatif et facile à lire. Le titre attire notre attention d'emblée, surtout pour ceux qui peuvent avoir un lien d'engagement abolitionniste ou d'études sur la problématique des esclavages. L'auteur nous fait voyager expressément à travers un périple historique visitant plusieurs empires et/ou royaumes Ouestafricains (Wagadu-Ghana, Sosso, manding, Mali, Songhay…) sur plusieurs siècles.

Dinga, le soninké Doumbé !

On y apprend l'arrivée du puissant guerrier appelé Dinga (le patriarche légendaire des soninkés) et ses troupes pour fonder l'empire du Ghana. L'auteur cite à de nombreuses fois quelques références comme Abderrahman Sadi, historien soudanais du 16ème siècle natif de Toumbouctou, Mahmoud Kati ou Ibn Khaldun. Impérialisme localisé, domination, contacts conflictuels, diplomatiques ou commerciaux avec l'ensemble « Blanc » berbère, arabo-berbère ou arabo-musulman, cet ouvrage permet un saut instructif dans le passé de notre zone Saharo-sahélienne. Le mot soninké Doumbé voulant dire « Pur », improprement interprété comme signifiant « Blanc » a failli corrompre les données historiques. On allait admettre que les 44 premiers rois ayant régné sur le royaume de Wagadu seraient de race blanche.

La ferveur guerrière des Almoravides finit par désorganiser le pays des Kaya Magas dont leur capitale Koumbi-Saleh chuta en 1076. Cités riches et pleines d'érudition (Koumbi-Saleh, Aoudaghost, Djenné, Niani, Gao, Toumbouctou…) et personnages emblématiques savants ou extravagants (Soumahoro Kanté, Soundiata Keita, Kankan Moussa, Ali Ber dit Sonni Ali, Mohamed Aboubekr connu Askia Mohamed, Mahmoud Bagayogo, Ahmed Baba…), un monde mystérieux, mystique et complexe où l'islam et paganisme se côtoyant ici et là.

Beaucoup d'échanges divers venant de loin notamment la présence remarquée d'esclaves blanches (concubines), de produits « manufacturés » et également d'autres mœurs.

Finalement ce monde s'écroula laissant place à l'arrivée hégémonique d'un mélange d'Andalou-maghrébo-turcs sur ces espaces jadis sous l'âge d'or d'illustres rois et empereurs soudanais. À noter l'importance de la fonction de Cadi dans ces cités islamisées, il arriva que des lettrés refusent de l'occuper. Pieux et sensibles aux éventuelles conséquences dans l'Au-delà, ils craignaient le mal-agir sous leurs responsabilités.

Sur le phénomène de l'esclavage, on apprend qu'aux « débuts de l'empire du Mali, il était interdit de vendre des captifs aux marchands arabes.

Seul l'esclavage domestique était autorisé » (comprendre l'esclavage intra-muros). Et la fameuse charte de Kouroukan Fouga (44 articles) promulguée sous Soundiata Keita n'abolit nullement l'esclavage. Dans son article 20, il est dit « Ne maltraitez pas les esclaves, accordez-leur un jour de repos par semaine… ». Je suis tenté de conclure que dans l'ensemble Blanc arabo-berbère andalou et turco-asiatique, le phénomène était fonctionnel par rapport aux réalités du moment. Ainsi avec certaines mutations progressives, il est dissous en interne et prend une coloration raciale et même raciste vers l'externe en visant le monde Noir. Dans l'ensemble Noir au sein de ces zones sahéliennes, le fonctionnel était lié au statut assigné par perpétuation héréditaire. Aujourd'hui dans les sociétés héritières (négro-africaines) de ces empires et cités, l'esclave statutaire n'est pas un Blanc assigné par une caste de descendants d'esclaves d'antan, mais un autre Noir dans le même groupe sociolinguistique. Ainsi dire qu'aujourd'hui l'engagement anti-esclavagiste dans le sahel doit être une grande cause afro et sahélienne pour restaurer la dignité de l'Homme Noir africain. À recommander !

Publié le 21 octobre 2022

- **Mauritanie | la jeune étudiante recalée pour une bourse d'études au Maroc : racisme ou *bras-longuisme*[18], ou rien de tout cela ?**

L'an 2000, l'année du bac refait en Mauritanie. La cause, une tricherie en masse a été indexée cette année et le ministère de l'éducation ne pouvait que concéder en annulant la phase 1 de la session normale. Après les délibérations des résultats à l'issue de la phase 1 repassée, je me rappelle une discussion avec certains camarades et frères autour du système d'attribution de bourses d'études en fonction du rang d'arrivée (notamment la moyenne d'orientation par les matières principales) dans chaque série. Et là, certains laissaient entendre qu'en réalité, les choses sont très opaques en coulisses. Il suffit d'être dans une zone grise et si tu n'as pas des connaissances (relations-bras long), pas de rêve, il faut se ranger car pas la moindre chance par un dépôt d'aspirant boursier.

Quelques années plus tard, lors d'une autre conversation sur le système de promotion à travers les études, j'apprenais que parfois certains élèves bacheliers moyennement en session normale ou admis en session complémentaire peuvent se voir dotés d'une bourse d'études à l'étranger.

Apparemment ce n'était (n'est) pas sorcier, c'est le système qui s'y prête sur des bases d'un mécanisme bien rodé appelé bras-longuisme. Ce procédé basé sur un

---

[18] Système de népotisme et des pratiques consistant à faire bénéficier injustement ses proches et relations d'accès aux services publics (concours, promotions et autres…)

relationnel d'intérêts interconnectés d'un monde social-administratif. Ce petit monde où les conflits d'intérêts en cette matière sont considérés comme un régime de promotion de siens (enfants, proches et amis). S'il s'agissait de trier dans cette situation, oublions les critères objectifs pour promouvoir l'excellence. Ça coopte ou ça fait coopter ici et là et tant pis pour celles et ceux qui n'ont pas ce relationnel de bras-longuisme en coulisses. Et là les choses prennent une coloration très loin d'être raciste, ce serait une affaire de classe sociale (issue de toutes les communautés) par laquelle une certaine élite se soigne administrativement et tient à assurer une reproduction sociale et professionnelle. Ainsi la facilité argumentative à vouloir racialiser systématiquement ne peut être pertinente et juste.

Il faut oser gratter plus pour déterminer le vrai fond de l'affaire. Ce bras-longuisme est bien ancré dans nos pratiques, la Relation prime sur la Règle dans la gestion des affaires publiques. L'affaire de notre jeune compatriote qui secoue les réseaux sociaux ces derniers temps, doit faire l'objet d'une approche prudente pour voir et dire vrai en terme communicationnel et traiter le fond avec franchise. Du racisme ou du bras-longuisme a-t-elle été victime ou rien de tout cela finalement… ? À suivre…

Le bras-longuisme est ténébreux dans nos pays. Il casse injustement l'avenir de certains et case et promeut frauduleusement d'autres. En général il est subtilement confondu à tort avec du racisme dans certaines dénonciations, mais non ce sont deux affreuses pratiques pouvant se retrouver dans certain copinage fonctionnel de circonstances.

En Mauritanie, si on osait parier pour ressortir les copies corrigées de nos bacheliers boursiers et devenus boursiers à l'étranger de 1990 à 2020…on saurait sans doute l'ampleur d'une certaine réalité sur ce système bras-long, une véritable gabegie éducaticationnelle.

Publié le 11 octobre 2022

- **Cette saillie discursive à l'ONU du premier ministre par intérim malien au sujet du président nigérien : le langage d'un panafricanisme *WhatsAppeur***

Depuis New York, le journaliste Serge Daniel (sur TV5) résume en substance ce que les colonels maliens reprochent au président du Niger Mohamed Bazoum qui rappelle que « la place des militaires n'est pas les salons feutrés à Bamako mais au front face aux terroristes… ». Cet élément de langage qui a beaucoup de sens par rapport à la situation politico-sécuritaire du Mali serait la principale motivation qui a suscité l'ire du Choguel boy l'actuel premier ministre par intérim, le jeune colonel Abdoulaye Maïga (41 ans). Il a traité de « Non Nigérien » l'actuel président du Niger (issu de la communauté arabe), à la tribune de l'ONU ce samedi 24 septembre 2022. Des propos aux relents xénophobes pour ne pas dire racistes à l'encontre d'une personne à cause de ses origines ethniques ou communautaires. Les supporters suprémacistes de Donald Trump ne diraient pas moins en théorie fumante et raciste sur la « non-américanité » de Barack Obama. En diplomatie, on peut exprimer avec tact et respect ses différences de vue avec le dirigeant d'un autre pays surtout un voisin si proche tout en évitant une surenchère verbale de la sorte. Ce panafricanisme toxique des passions ne sert pas « grand-chose » en matière de développement multidimensionnel dont nos pays ont besoin depuis toujours. Le langage véhément et excessif dit souverainiste qui rameute les masses « réseaux sociaux », ne peut doter un pays d'infrastructures dignes ni former et soigner les populations. Le colonel A Maïga qui vise le président Bazoum sous cet angle, peut heurter la sensibilité d'une partie de ses propres concitoyens (arabes maliens), est-il conscient de cette donnée ?

Dans nos pays, un certain panafricanisme toxique est porteur d'une idéologie marinée d'une xénophobie latente et d'un cache-misère intellectuel et technique. Un éveil social et politique sain se doit d'être constructif et ouvert par la force de l'intelligence et non par l'entretien perpétuel des ressentiments d'un passé chez les masses populaires. Le malien est grand voyageur, les diasporas maliennes sont partout, si un caucasien français dirait à son compatriote afro élu à Montreuil (ville de la région parisienne) qu'il est étranger, cela ne plairait pas. Cette sortie du premier ministre par intérim du Mali est une insulte à la tradition idéologique de pères panafricanistes comme feu Kwame NKrumah du Ghana.

L'invective populiste rassure les fiertés « perturbées » mais ne remplit pas l'estomac ni ne sécurise un territoire, à rappeler nécessairement !

Publié le 25 septembre 2022

- **Ces hâbleurs apprentis « lettrés » qui s'attaquent injustement à cheikh Mohamed diakho Tandjigora !**

Il est temps de raisonner certains petits apprentis socialisés à sève des mentalités esclavagistes dans la communauté soninké. Ces derniers moments, les cas sociaux qui se sont trouvé comme mission l'apologie de l'esclavage avec virulence via WhatsApp semblent passer le relais à une autre clique de faux savants « religieux » qui s'ignorent.

Ainsi au contraire de cas sociaux apologistes, ces nouveaux hâbleurs qui se basent sur de fables forcées et un forcing historique s'activent sous couvert d'une dite science religieuse pour légitimer l'esclavage coutumier dans la communauté. Prêches du fatalisme et chansonnettes rhétoriques pour défendre leur chapelle coutumière de domination sociale dans le puzzle sociétal, ils cochent incessamment leurs flèches à l'endroit de personnes lettrées en sciences religieuses qui ne soutiennent pas l'onction religieuse de l'esclavage par ascendance. Avec beaucoup de mauvaise foi, leur cible principale est cheikh Madiakho Tandjigora.

Le poids intellectuel de ce conférencier sénégalais, auteur de nombreux ouvrages dont la traduction du Saint Coran en soninké (paru en avril 2021) https://soninkideesjose.wordpress.com/2021/04/28/la-parution-dun-ouvrage-dune-portee-intellectuelle-monumentale-en-milieux-soninkes-le-saint-coran-traduit-en-langue-soninke-par-le-professeur-muhammad-diakho-tandjigora/ , est connu et reconnu dans la communauté soninké et au-delà. Ces petits apprentis très limités visiblement en matière de réflexion et de compréhension des paradigmes révolutionnaires du Message de la dernière révélation, perturbés qu'ils sont, par l'éveil massif anti-esclavagiste en cours, s'attaquent injustement au cheikh Abu Elyas. Pour eux, il serait l'instigateur principal qui aurait ouvert les yeux des personnes « assignées esclaves » pour les libérer de leur domination sociale. Pour rappel, on leur apprend s'ils veulent bien retrouver une certaine lucidité, que déjà bien avant les positions de cheikh Madiakho, un lettré soninké Aboulaye Diallo (paix à son âme) originaire du village d'Arré au Guidimagha mauritanien dans les années 70 dénonçait cet esclavage coutumier soninké faussement attribué à la religion islamique. Par la suite, une célèbre voix morale du nom de Elhaj Fodie Demba N'diaye de Oulimboni Guidimagha mauritanien (paix à son âme), abondait en substance dans le même sens après son retour d'un pèlerinage à la Mecque selon diverses sources. Encore courant débuts des années 1990, à Paris, lors d'une conférence, cheikh Abdoulaye BA en répondant à une question liée à un possible mariage entre « esclave » et « noble », il s'était interrogé « Qui est esclave d'abord ? ». Et en rajoutant explicitement que l'esclavage social qui sévit dans les traditions coutumières ne peut avoir de validité ou de légitimité selon la vision islamique sur la question. En Mauritanie en avril 2015, une organisation d'Uléma avait sorti une communication rendant caduc et illégitime religieusement tout esclavage et ses manifestations dans notre pays.

Nos hâbleurs illuminés vont finir peu à peu à s'incruster dans les rangs de ceux qui font l'apologie d'esclavage et en Mauritanie, la Loi 031-2015 est très claire notamment par son article 19 qui précise : « Quiconque profère en public des propos injurieux envers une personne considérant qu'elle est esclave ou affilié à des esclaves, est puni d'un emprisonnement de six (6) mois à deux (2) ans et d'une amende de vingt milles (20.000) à deux cent cinquante milles (250.000) ouguiyas »

Publié le 4 septembre 2022

- **Passion des contrastes Onusiens de l'oncle A. Bathily !**

On apprend que Monsieur A Bathily est recruté comme envoyé spécial des Nations Unies auprès des turbulentes factions politico-armées libyennes pour faciliter une hypothétique entente dans le pays du feu colonel Ghadhafi. Lire https://www.rfi.fr/fr/afrique/20220903-libye-abdoulaye-bathily-nouvel-envoy%C3%A9-sp%C3%A9cial-des-nations-unies
D'ethnie soninké (Tuabou) du Sénégal, on attend toujours un mot de condamnation ou de désapprobation de la part de l'auteur de l'ouvrage « **Passion de Liberté** », sur les graves violations des droits humains dans différentes localités Soninké – soninkara, liées à la problématique de l'esclavage par ascendance.
Historien et homme habitué du sérail international saura parler aux libyens pour la Paix à la base de la Liberté et de la Dignité. Un grand écart par rapport à son silence sur ce que vit sa propre communauté où une vielle de 71 ans Diogou Sidibe venait d'être sauvagement assassinée https://malijet.co/societe/assassinat-de-diogou-sidibe-a-lany-mody-la-cndh-condamne-et-denonce-les-violences-liees-a-lesclave-par-ascendance à Lany (village du Mali) appartenant à la même région en pays soninké que lui (Gadiaga).
L'esclavage coutumier déchire la communauté soninké depuis quelques années, malheureusement ses interlocuteurs libyens ignorent son background sociétal et l'actualité liée à ce phénomène inique qui sévit au sein de sa propre société en ce plein 21ème siècle. Il y a de quoi tiquer moralement par évidence !
On ne peut être promu artisan émissaire pour la Paix et la Liberté au nom de la grande institution mondiale –

L'ONU – tout en restant effacé et silencieux sur des graves tensions qui secouent son giron social. C'est moralement perturbant et intellectuellement incohérent.

Publié le 4 septembre 2022

• **Racisme dans le milieu sportif | le cas du brésilien Vinicius du Real Madrid en Espagne**

Comme d'habitude, ça se sent scandalisés dans tous les sens avec un certain sentimentalisme aux relents hypocrites. L'expression d'un certain racisme n'est pas une poussée expresse d'une bêtise venant d'un pan isolé de l'environnement de la société à majorité blanche. Il s'insère "logiquement" et inévitablement dans un cheminement racialiste au cœur de sociétés blanches à l'endroit de l'élément Noir. Un supporter fan de football en Espagne, un suprémaciste américain soutien de D Trump et le touareg politisé du nord malien peuvent se retrouver sur une même donnée-source inspirant leurs idéologies socialisées d'un « racisme évident » anti-Noir. Le livre de **Charles W. Mills**, *Le Contrat Racial* explicite et donne de pertinentes notions fouillées de compréhension sur le cadre paradigmatique de fond. Ce fond systémique qui assoie et motive toute l'affaire du racisme anti-Noir. Ainsi des restes venant de bulles papales d'antan, des théories et idéologies concoctées par de penseurs sociologues et philosophes d'hier dans la sphère blanche (principalement occidentale), tiennent et persistent dans une certaine conscience collective de l'environnement   « blanc ».
Parmi les solutions possibles contre ce racisme, il faut une reconnaissance claire et nette qu'il est motivé et

généré par un système politique historiquement racialiste. Le monument du Christ rédempteur en veille (durant quelques minutes) à Sao polo au Brésil pour soutenir l'attaquant Noir du Real, n'est qu'un symbolisme puéril pour un bref remède de conscience pour les esprits distraits. Il en faut beaucoup de sérieux pour changer la donne, pour l'instant l'environnement Afro à l'échelle mondiale fuit ici, subit là et se complaît là-bas !

Publié le 23 mai 2023

- **Note de lecture d'un ouvrage éducatif | « Concepts religieux et sociaux » de l'écrivain monsieur Malle Ibrahim Soukouna**

Ce livre paru (sa version française) en fin d'année 2022 chez l'éditeur **Albouraq**, est un joyau intellectuel très accessible par son exposé succinct et l'agencement intelligible des concepts développés. L'auteur s'appelle **Malle Ibrahim Soukouna**, natif du Mali et issu de la communauté soninké. Ayant effectué ses études primaires et secondaires à Bamako, il a obtenu un diplôme universitaire en France (faculté de Jean Monnet à Paris Sud) et y travaille comme guide religieux. Influent intervenant sur diverses thématiques d'intérêt public pour la communauté africaine, et particulièrement pour son groupe sociolinguistique, les soninkés, il anime régulièrement ses plateformes numériques (Facebook, TikTok...) avec beaucoup de pédagogie.

Ainsi dans ce présent ouvrage que j'ai eu la chance de lire, il nous propose avec aisance un concentré valeureux qui englobe divers volets de notre vie

105

contemporaine (la religion, la politique, la famille, l'école, l'immigration, le travail, l'économie, la vie communautaire, l'utilisation des réseaux sociaux...). Un livre-Message qui appelle à une certaine élévation sociale et intellectuelle pour la jeunesse de notre temps afin de porter le flambeau de la renaissance civilisationnelle parmi les nations. Ce travail instructif de monsieur Soukouna (auteur d'autres ouvrages) est une preuve idoine du potentiel intellectuel existant dans nos milieux dans divers domaines. J'ose croire que *"Concepts religieux et sociaux"* peut être classé comme un manuel initiatique pour l'éveil social et intellectuel nécessaire à nos cursus d'enseignements (au lycée par exemple) en Afrique et surtout dans nos communautés afro-musulmanes. Et également un imam qui serait à jour de son environnement contemporain peut en tirer facilement 52 sermons (prêches éducatifs) de vendredis durant une année pour éveiller et former les fidèles.

En définitive, l'ouvrage est un stimulant social et pédagogique qui sert et servira tout lecteur attentif. Ici je réitère mes fraternelles félicitations au frère Malle et recommande vivement ce livre. Lui souhaitant une bonne continuation dans ses projets.

Publié le 28 juin 2023

• Note de lecture d'un ouvrage marquant | Le Contrat Racial de Charles Wade Mills

Paru en 1997 en langue anglaise, il est versé (traduit) sous ce format en langue française par l'historien québécois et artiste hip-hop, **Aly Ndiaye** (métis par son père sénégalais) **Alias** **Webster.**

Cette traduction est publiée courant 2023 (février au Canada et mars en Europe). Le traducteur ambitionne en ces termes : « *Mon souhait le plus ardent, c'est que Le contrat racial fasse partie des cursus scolaires, mais que le proverbial monsieur madame Tout-le-monde puisse le lire aussi.* » Une citation de Aly Ndiaye, alias Webster.

Ma rencontre avec ce livre s'est faite d'une manière fortuite, c'était à l'occasion du Salon du livre Africain de Paris tenu le 19 mars 2023 à la mairie du 6ème arrondissement de la capitale française. Lors de cet évènement, une conversation était au menu autour de l'ouvrage entre l'éditeur haïtien-canadien de la traduction et l'éminent penseur sénégalais **Souleymane Bachir Diagne**. Lire le retour écrit sur ce riche rendez-vous littéraire et intellectuel sur notre blog https://soninkideesjose.wordpress.com/2023/03/20/%e2%97%8f-evenement-un-passage-au-salon-du-livre-africain-de-paris-2023/
L'introductif fait de l'ouvrage par ces 2 connaisseurs, m'a intimé plus qu'une incitation à ma curiosité à l'acheter mais une obligation. Aussitôt acquis, les premières lignes lues dans la préface (de l'auteur **Charles W Mills** à l'occasion du 25ème anniversaire du livre original en anglais), m'ont fait un buzz cérébral. Et il faut y aller vite, l'ouvrage fonce large et profond pour tout lecteur sensible à son monde et à notre Monde avec philosophies. On s'y trouve guidés vers un voyage de dévoilement sans filtres d'un système politique mondial construit à travers des paradigmes clairement visibles et évidents jusqu'à en devenir invisibles (comme le rapport naturel entre l'eau et les poissons). Ces paradigmes assoient et perpétuent le salaire de la *blanchitude* (privilèges normatifs du fait d'être blanc) au détriment de tous les autres non blancs ou *passablement* blancs.

Ainsi au cours de ma lecture et mes relectures qui ne cessent, parmi les *posts* publiés sur les réseaux à propos de l'ouvrage, j'en retiens le suivant : *Le Contrat Racial | Cet ouvrage n'est pas un livre qu'on y passe silencieusement... ! Non...tu vas te choquer même pourquoi son auteur lit et dit une réalité qui est là tout près parlante et interpellante. On dirait qu'il surprend un monde de ruses qui ne peut éviter de se trahir dans son fonctionnement systémique le temps passant. À recommander encore une fois... !*
Un livre très informatif qui nous apprend que le postulat épistémique (donné universaliste) germe d'une vision racialisante des sciences et savoirs. Ainsi violences et régimes oppressifs perpétrés et normalisés par la sphère civilisationnelle Euro-Blanche, en ont tiré légitimité et normalité. Le contrat social (de Jean Jacques Rousseau, et ses camaraderies philosophales) disséqué réellement va accoucher d'un contrat racial selon l'analyse philosophique objectivement sourcée et difficilement contestable de Charles Wade Mills (décédé le 20 septembre 2021), l'auteur de ce livre. Pour qui, voulant s'essayer aux interrogations corollaires et subséquentes au sujet des exploitations coloniales (expropriations des espaces, indigénat, travaux forcés, destructions des humanités et civilisations locales...) , de la traite esclavagiste transatlantique, des massacres des amérindiens en Amérique, des aborigènes du monde austral, certaines mobilisations papales pour les croisades, l'apartheid en Afrique du Sud, la furia anti Noir des Ku Klux Klan, le suprémacisme blanc, le *racialisme* [19]civilisationnel, un

---

[19] Selon l'éminente historienne française Catherine Coquery-Vidrovitch dans « **Petite histoire de l'Afrique** » explicitant la charge des principes du terme par rapport au *racisme* : « différent du

certain racisme inconsciemment normalisé, et clichés et réflexes aisément dégainés sur d'autres expressions de vie sociale, spirituelle et civilisationnelle, il faut NÉCESSAIREMENT LIRE CE LIVRE. Il ose frontalement les questionnements et les réalités de notre Monde qui a besoin des stimulants sincèrement humanistes et moins idéologisés pour CORRIGER et HUMANISER SANS COULEUR notre commune HUMANITÉ INTRINSÈQUE sous le Contrat Humain et même sous le Contrat du Vivant.

Publié le 11 juillet 2023

- **Tiktok en langage soninké : affrontements entre apprentis renégats et mollahs virtuels !**

Ces derniers jours lors de mes balades furtives dans « *l'aspirateur à conneries* » Tiktok mais pas seulement, je suis passé sur quelques *lives bouillonnants* dont le sujet salé est la religion. À chaque fois les intervenants en majorité pilonnent ceux qu'ils nomment les "*kamites*" (j'ignore ça rime à quoi réellement).

Certains propos de ces mollahs virtuels laissent entendre que des renégats activistes « méritent d'être exécutés » s'il y avait un environnement où la charia est appliquée..., une manière très excitée pleine d'arrogance qui semble contre-productive, je trouve. Parce que de

---

racisme en ce qu'il reposait sur ce que l'on considérait alors comme des preuves scientifiques » pour les adeptes théoriciens de la différenciation des races

l'autre côté, j'ai entendu dans les échanges d'un *Live*, un élément se déclarant comme renégat qui pose des questions saillantes et coche des arguments de fond touchant à des paradigmes qui peuvent bousculer les raccourcis mimés et le suivisme pâle qu'on a parfois de la Foi et de la Religion.

Ainsi je pense qu'une pensée subversive surtout visant une telle affaire sensible, si on veut la contrecarrer, il faut d'autres procédés convoquant des compétences, des intelligences, des comportements et des visions qui feraient une décisive autorité argumentative.

Mais les petits prêcheurs diablement arrogants devenus mollahs virtuels qui sont dans une superficialité sonnante en matière d'arguments vont exciter davantage ces apprentis renégats. L'affaire de la Religion est liée à un système de Pensée très particulier (La Révélation) pas comme d'autres philosophies, une personne qui la renie, si on la menace, elle va monter en puissance en défiant davantage. Du coup les mollahs virtuels soninké *tiktokeurs* doivent revoir leurs méthodes...nécessairement !

Publié le 19 juillet 2022

- **La langue française dans l'espace politico-nationaliste en Mauritanie : entre postures démagogiques et mauvaise foi !**

Toutes les langues sont des créatures et aussi des miracles du Divin. Il est ainsi versé par un signe coranique : "Et parmi Ses signes la création des cieux et de la terre et la variété de vos idiomes et de vos couleurs. Il y en a cela des preuves pour les savants." S 30 V 22. Alors, c'est un biais notable pour nous servir de postulat délesté d'une quelconque politisation ourdie d'emblée. Les langues servent naturellement à des besoins pour nous. Elles sont généreuses et très hospitalières entre elles (traductibles et emprunts) dans un environnement prédisposé à la paix sociale et à l'entente citoyenne. Donc qu'on y accorde notre volonté et notre sincérité (la notion de la *VRAITUDE*)[20]. Dans cet avant-propos, je réitère ma position (toutes nos langues méritent d'être érigées langues officielles) de modeste citoyen averti sur les données sociales et politiques de notre nation à multiples communautés. Encore j'ose convoquer un passage du *Texte-mère* de notre commune Ressource spirituelle (l'islam) : "O hommes ! Nous vous avons créés d'un mâle et d'une femelle, et Nous avons fait de vous des nations et des tribus, pour que vous vous entre-connaissiez. Le plus noble d'entre vous, auprès d'Allah, est le plus pieux. Allah est certes Omniscient et Grand Connaisseur." S49 V13.

Ainsi dire que notre diversité culturelle et linguistique à entretenir peut-être référencée en acte de foi pour nous, le pays de Chinguitty (Bilad Chinguetti). La ville éponyme serait la 7ème ville sainte de l'islam. Si on arrêtait de complexifier nos imaginaires bellicistes qui agressent nos réalités sociales et politiques, rien que l'entretien académique et intellectuel de notre diversité peut être un profond vivier professionnel sécurisé pour caser confortablement plusieurs personnes. Comme il est utile et nécessaire pour construire et aménager les espaces d'un pays (établissements fonctionnels et diverses infrastructures...), des projets et financements, il en va de même pour normer et entretenir notre cohésion sociale et politique. Pour se faire, libérons notre *VRAITUDE* pour promouvoir et accompagner sereinement l'hospitalité naturelle de nos langues, de

---

[20] Pleine sincérité et volonté constante

toutes nos langues, y compris le français. Cette langue est un butin commun de l'intelligentsia transcommunautaire dans notre pays par la rencontre aléatoire avec l'ordre colonial français. Un système impérialiste venu d'horizons lointains, qui, si on se mettait sous un registre purement de fatalisme explicatif, on dirait c'était du mcktoub (décret divin) ... et on serait tenté d'en exploiter une certaine "sagesse". Une réalité historique qui a eu logiquement ses conséquences bien réelles sur nous (nos pensées) et nos espaces. La langue française est un véhiculaire qui joue le rôle d'un aimant social et intellectuel entre beaucoup de mauritaniens aujourd'hui. Une socialité n'est nullement le fait d'un forcing francisant qui serait néocolonial ou néo impérialiste. Elle est pur fruit à la fois de la généreuse hospitalité des langues et l'appropriation fonctionnelle par ses locuteurs.

Cette langue peut jouer grandement un relais support neutre (pourquoi pas provisoirement) d'équilibre entre nos autres langues dans nos différents paysages (sociaux, administratifs, judiciaires...). À différencier entre remontrances idéologiques contre la France coloniale d'antan et la langue purement Langue (un miracle divin). N'est-ce pas l'ordre colonial français qui aurait été soft et peu intrusif avec nos notabilités tribales concernant l'esclavage rudement pratiqué sur des ascendants de certains de nos concitoyens... !?

Oui, sous nos cieux il existe une forme de brutalisme ethno-nationaliste qui se permet d'exploiter des langues et leur usage à des fins bellicistes. Un chauvinisme ethno-racial inconséquent d'un côté et un communautarisme ethno-nationaliste emprunté de l'autre.

Les velléités d'arabisation globale en refusant l'officialité des autres expressions linguistiques, ne concourent pas à la promotion d'une cohésion nationale et contredisent l'esprit philosophique très aéré des 2 versets cités plus haut S30 V22 et S49 V13. L'arabe comme langue par son hospitalité est également dans notre espace celle qui détient l'originalité de base véhiculaire de nos savoirs spirituels. Et sans une idéologisation ethno-raciste, elle composerait volontiers par vitalité et ouverture avec toute autre langue. Malheureusement aujourd'hui dans nos sables mouvants, des réseaux puissants la rendent agressive et revêche par pire chauvinisme. Ce qui sent un autre impérialisme suprémaciste au nom d'une certaine arabité, à ne pas confondre aucunement avec l'islamité. Ici l'arabe mobilisé sous une certaine vision n'est pas innocent dans les frictions sociales et politiques qu'a connu notre pays dans le passé et les mêmes racines secouent son présent. Les porteurs zélés de ces turbulences se trouvent comme biais allergique et repoussoir de la langue française, un exclusivisme politique de l'officialité pour l'arabe. L'arabe d'exclusion massive de certains citoyens des rouages de la haute gouvernance politique, sécuritaire et judiciaire. L'inconséquence du flanc dans cette affaire arabesque, c'est quand une certaine élite qui en profite "collectivement", passe par la qualité de l'enseignement de l'école française de l'intérieur pour l'ouverture du monde extérieur pour leurs enfants. En rappel pour certains chauvins, l'arabe fut la langue maternelle de certains suppôts orientaux de la chrétienté aux temps des croisades... comme quoi, autour de cette langue, se joue surtout une affaire d'hégémonie ethno-raciale.

De l'autre bord, acceptons les phases d'évolution de nos langues nationales (notamment soninké, peul et wolof) sans brûler les étapes. Ces langues ne supporteraient pas des poussées démagogiques d'un certain ethno-nationalisme bancal. Cet ethno-nationalisme agissant par réactions hystériques comme expression contestataire stérile et idéologisation étroite. Un genre de reflet miroir de fixation en répliquant à l'ambiance chauvine d'en face. Le développement nécessaire pour la mise à jour académique, politique et administrative de ces langues, ne se ferait pas dans une conflictualité par un autre absolutisme militant. Ainsi la langue française par l'alphabet latin, est un espace linguistique naturalisé pour le cheminement progressif de nos langues. Et il serait d'une grande confusion voire d'une tromperie évidente, quand certaines voix s'alignent à la tentation d'éradication du français de notre espace politique, croyant le libérer pour nos langues pour le coup.

On le répètera, les langues sont des signes-miracles du Divin, et elles sont intrinsèquement hospitalières entre elles. La langue de Molière est aujourd'hui une langue très fonctionnelle entre mauritaniens et pour mauritaniens, elle fera vie harmonieuse avec nos autres langues. Si j'ose convoquer mon exemple personnel qui serait loin d'être peu commun, mon relationnel en matière communicationnelle (écrit et oral) avec mes compatriotes hors soninkés passe par le français. Ainsi dire, elle est une langue forte de sociabilisation parmi nous, et aujourd'hui dans l'arène politique, son utilité est une évidence notable.

À notre élite transcommunautaire d'aimer réellement ce pays trait-d-union entre l'ensemble arabo-berbère et l'Afrique subsaharienne occidentale, pour faire une nation heureuse de sa diversité culturelle. Il suffit d'une politique débarrassée des imaginaires bellicistes des uns et des autres. Nos langues sont innocentes de nos vaines distractions porteuses de désunion perpétuelle.

La personnalité sociale, culturelle, intellectuelle et politique de la Mauritanie ne saurait rimer avec étroitesse de fond ni de forme.

Osons mieux et large ! In sha Allah

Publié le 24 juillet 2023

- **L'irruption athéiste d'un militantisme dit kamite [21]: Quel répondant efficace chez les soninkés ?**

La menace et l'agressivité à l'encontre d'une pensée subversive ne peuvent être des solutions idoines pour mettre les choses à "l'endroit". L'endroit selon mon entendement, c'est le maintien d'un stabilisateur métaphysique et social comme une religion pour l'expression d'une certaine humanité communautaire. Il est d'un refrain commun qu'on clame que le soninké serait musulman partout. On dirait plutôt que la communauté soninké est à l'écrasante majorité de confession islamique. Peuple ouest-africain descendant de l'empire du Ghana (connu Wagadu) s'était islamisé il y a plusieurs siècles. Ainsi l'élément "musulman" fait partie de la personnalité-type soninké sur le plan sociologique, politique et identitaire. La cité soninké dans sa territorialité pas seulement, a son clergé communautaire ou féodalo-communautaire qui porte les affaires du culte... islamique, à noter avec ses versions adaptées en fonction de la structuration sociale en vigueur dans temps et dans l'espace.

L'islam soninké ou dire humblement, le *musulmanisme** soninké est une des facettes définissant soninkaxu (Vivre soninké). Un mimétisme sensiblement

---

[21] Selon une définition, le kémitisme militant : groupes ou mouvements cherchant à restaurer les religions polythéistes ou monothéistes (c'est le cas du culte d'Aton) des anciens égyptiens.

superficiel assurant une certaine socialité faisait l'affaire globalement dans une bonne stabilité dit-on. Seulement ces derniers temps, un phénomène inédit brusque l'opinion communautaire. C'est ce que je nomme l'exhibitionnisme athéiste décomplexé, des gens disant épouser des thèses kamites en les opposant d'une manière révolutionnaire à la religion islamique. Dynamiques et "enragés" particulièrement dans le réseau social TikTok, ils racialisent et géopolitisent maladroitement certains débats sérieux, stigmatisent et vilipendent injustement la religion islamique. Leur sève idéologique est un mélange diffus d'un anti-impérialisme peu irréfléchi et d'un racisme coincé aux refrains complotistes. Pour eux l'homme afro était (est) la plénitude de l'humanité "originelle" et "originale", et par conséquent d'autres "naturellement subordonnés historiques" se seraient complotés à coups de falsifications et d'agressions pour le désaxer de sa trajectoire spirituelle, scientifique et philosophique tant enviée. Nous sommes en temps du Big open espace communicationnel, nos apprentis athées seraient liés à un réseautage large parmi les bouillonnants milieux panafricanistes fourre-tout. Ils ont leur narratif "bateau" qui ne sonne pas forcément "bête", et en face il faudrait plus de sagesse agissante, de piété tenue, de patience vigilante et d'aération intellectuelle cohérente pour les confondre, les contrarier et les raisonner avec finesse.

Ils usent de ressentiments légitimes pour en faire du carburant militant athéiste..., et nos prêcheurs lettrés religieux doivent réactualiser la substance discursive en termes de mise en garde du peuple croyant. L'exploitation coutumière du religieux à des fins d'hégémonie clanico-féodale, fait partie d'un magma d'incohérences qu'on pourrait relever et reprocher à l'organisation et l'entretien du culte intra-communautaire. Dans notre Saint Livre, le Coran, il nous est intimé par un célèbre signe « *Lis, au nom de ton Seigneur qui a créé,* » S96 V1. Lis de Lire, connoté Apprendre, Enseigner, Raisonner, Découvrir, Expliquer..., ici c'est loin d'un principe mimétique. Nous avons un Message profondément philosophique qui peut contrer et tenir une disputation décisive face à toute irruption areligieuse de nature subversive.

Ainsi dire il faut plus d'intelligibilité et de transversalité du discours instructif et du prêche pour les masses. L'actuel régime de type d'un maraboutisme *casté* et templier est à revoir nécessairement. Il est restreint et pas à jour des enjeux de notre époque.

Par ailleurs, il faut gagner la bataille de la cohérence, il en va même du sérieux de notre piété et de nos réflexes d'empathie face aux réalités troublantes dans la vie.

Certains agents kamites indexent les petites hypocrisies sonnantes qui ne manquent pas dans certaine sphère prédicatrice. Un prêcheur qui se soumet silencieusement aux coutumes ou restes des coutumes du temps animiste (certains ladani) à un point A et se montre loquace à un point B pour se faire voir en saint, il y a problème.

Également, il faut réfléchir à contenir l'engrenage takfiriste présent dans certains discours dits anti-kamites. L'anathème dégainé hâtivement par d'apprentis excommunicateurs haineux booste l'ambiance de la conflictualité dans l'affaire. Aujourd'hui cette affaire kamite athéiste qui concerne une infime minorité activiste via les réseaux sociaux (principalement TikTok), est une épreuve pas anodine dans la communauté soninké.

Nous disposons potentiellement de ressorts sociaux et intellectuels nécessaires pour garder relativement les choses à l'endroit, ainsi il faut beaucoup de *CERVEAU* et de *SOLLICITUDE* et moins d'invectives, de menaces et d'arrogance.

Conseil de lecture d'un ouvrage "**Servitude à Dieu**" d'Ibn Taymiyya, introduit, traduit et annoté par professeur Muhammad Diakho Tandjigora Madiakho Diakho connu Abu Alyas. Un livre lu plusieurs fois, très inspirant pour comprendre certaines notions liées à la croyance.

*terme lu (entendu) chez O Timera, ici j'y accorde la définition suivante : "musulman socialisé fait de soninkaxu"

Publié le 15 août 2023

● **Haïti, une terre guignarde ?**

Blotti au cœur des caraïbes dans l'île d'Hispaniola qu'il partage avec la République Dominicaine, le territoire haïtien abrite environ 11 millions 500 milles d'âmes. Considérée comme la première République Afro du monde en accédant à l'indépendance en 1804 après une vaillante révolution face à l'ordre colonial français qui dominait. Et après on a l'impression que tout s'arrête de reluisant pour ce pays à ce passé de terre libérée avec bravoure. Aujourd'hui une présentation d'une communication de la Banque Mondiale l'affiche ainsi « Haïti reste le pays le plus pauvre de la région Amérique latine et Caraïbes et parmi les pays les plus pauvres du monde. En 2021, Haïti avait un coefficient GNI par habitant de 1 420 $ US, le plus bas de la région ALC, qui était en moyenne de 15 092 $ US » https://www.banquemondiale.org/fr/country/haiti/overv

iew#:~:text=Ha%C3%AFti%20reste%20le%20pays%2
0le,moyenne%20de%2015%20092%20%24%20US .

Comparativement son voisin Dominicain territorialement siamois est au top en matière de développement multidimensionnel. Ainsi on s'interroge si la *baraka* divine ne s'arrêtait pas « malignement » à la frontière. Haïti du chef militaire révolutionnaire Toussaint Louverture porte-t-il un destin guignard ? Cet État symbole d'un certain patronage originel de la révolte libératrice afro-africaine dans le monde, peine à retrouver la lumière existentielle socialement, politiquement et économiquement. Et pourtant il y'a une élite prolifique haïtienne qui essaime parmi le monde diasporique. À l'intérieur le territoire est sujet à diverses calamités sous l'effet de la nature (ouragans, tremblements de terre, épidémies…) et des frictions sociales et politiques (violences urbaines, gangsters, violences politiques…). Au cours de la période récente, 2 événements choc peuvent être illustratifs de cette triste réalité. En 2010, un violent séisme secoue le territoire causant plus de 250 000 morts et le cliché de la bâtisse du palais présidentiel (construit du XXe siècle) en ruines marque les esprits. Et la partie Dominicaine de l'île en sort quasiment indemne, à lire https://www.lechotouristique.com/article/le-seisme-en-haiti-epargne-la-republique-domicaine,19346.

Le 7 juillet 2021 en pleine nuit, le président Jovenel Moïse à 53 ans, a été assassiné dans sa demeure par dit-on des bandes armées surgies de nulle part. Ici un affreux exemple d'un pays anormal et en vrille gravement, on tue un président élu dans pareilles circonstances comme s'il était un chef dealer narcotrafiquant. Par les temps qui courent, l'actualité bouillonnante voire brûlante dans le pays a comme centre de gravité ; la criminalité organisée sous la coupe réglée de bandes armées profitant de l'absence d'un ordre étatique sérieux. Ainsi la chienlit règne et les populations subissent…sans lueur d'espoir. Malheurs sur malheurs, comme une fatalité guignarde qu'on ne peut jamais exorciser… ! Quelle tristesse !

Publié le 11 septembre 2023

~Les entretiens du Blog

• L'interview du 9 décembre 2022

√**Question 1 : Bonjour Monsieur Fofana, pouvez-vous vous présenter à nos lecteurs ? (Parcours personnel et de militant)**

Samba Fofana : Je m'appelle Fofana Samba, du village de Boully en Mauritanie. Je peux noter ici que j'ai un petit parcours académique à la faculté Économique et juridique de Nouakchott de 1998 à 2002 date de l'obtention de la maîtrise en droit privé. S'agissant du militantisme associatif, j'ai œuvré à plusieurs associations d'abord villageoises dans le but de contribuer au développement de notre pays d'origine. Je suis aujourd'hui vice-président de L'association des ressortissants Mauritaniens pour l'éradication des pratiques esclavagistes et leurs séquelles (ARMEPES) en France depuis janvier 2016. Je fais partie des premières personnes à avoir posé les jalons d'une réforme sociale dans notre communauté.

√**Question 2 : Pouvez-vous nous édifier sur les réalités liées à l'esclavage coutumier dans la communauté soninké et l'engagement abolitionniste Gambanaaxu Fedde ?**

SF : La société soninké est fortement hiérarchisée sur la base de ce qu'on appelle communément les classes sociales ou castes. On peut affirmer ici que ce système d'organisation sociale a une forme pyramidale, au sommet on trouve les classes nobles, en deuxième position les gens qui constituent les corps de métiers et au bas de l'échelle les esclaves avec leurs démembrements aussi.

Comme toutes les sociétés la communauté soninké d'antan à en moment donné de son histoire avait besoin d'une organisation socio-politique par son propre génie afin d'assurer son existence dans la quête d'un bien être.

Mais la société soninké n'a pas su opérer les réformes nécessaires pour être en phase avec les réalités changeantes et c'est là où l'élite soninké dans son ensemble a échoué.

À mon sens le conservatisme ne devrait pas en aucun cas nous pousser vers une certaine forme d'autarcie aveugle qui nous conduira inéluctablement vers le déclin.

Pour parler de l'engagement abolitionniste Gambanaaxu Fedde, on peut dire que ce mouvement a apporté à mon sens non seulement un éveil mais aussi une certaine prise de conscience collective pour rompre avec certaines pratiques esclavagistes.

✓Question 3 : Le 2 décembre de chaque année marque la journée internationale de l'abolition de l'esclavage, les séquelles du phénomène restent vivaces dans certaines zones en Afrique, selon vous quels sont les écueils qui empêchent une éradication définitive ?

SF : La date du 02 décembre 2022 nous rappelle d'abord un passé douloureux dans l'histoire de l'humanité et surtout en tant que noir africain.

Mais on peut se poser la question si l'esclavage dans ses différentes manifestations n'est pas encore d'actualité en dépit de toutes les injustices qui frappent de plein fouet les humains ?

Concernant précisément la société soninké, nous avions assisté à des difficultés pas moindres dans certaines contrées à cause de l'emprise féodale tellement présente.

Cette société a connu un passé glorieux à travers L'Empire du Ghana ou le wagadou Biida, connu grâce à certains historiens Arabes .

Après la fin de la colonisation, et malgré l'avènement des indépendances , les soninkés sont toujours restés dans leur ancienne organisation où la loi n'est pas forcément une norme mais surtout c'est l'ordre coutumier qui régit les affaires de la cité soninké ou en pays soninkés.

L'une des difficultés majeures peut s'expliquer par la nature de nos Etats, quand on sait que ceux ou celles qui sont à la tête de nos institutions ont d'abord du mal pour légiférer sur la question et surtout quant à l'application des lois en vigueur pour restaurer la citoyenneté réelle.

√Question 4 : Quel message avez-vous à l'endroit des militant.e.s et sympathisant.e.s de la mouvance anti-esclavagiste Gambanaaxu Fedde, aux leaders communautaires et aux autorités étatiques ?

SF : Le message que j'ai à l'endroit de nos leaders , militants, sympathisants, hommes comme femmes . Je les invite davantage à redoubler d'efforts car la réforme que nous portons se veut inclusive, longue, difficile et qui doit s'inscrire sur une durée. Nous devrions nous focaliser sur certaines valeurs que je trouve cardinales voire déterminantes à mon sens pour l'accomplissement de cette cause juste : Courage, unité, solidarité et humilité.

• L'interview du 18 décembre 2021

✓**Question 1 : Bonjour Madame Dieynaba Ndiom, pouvez-vous vous présenter à nos lecteurs ?**

Dieynaba NDIOM : Je m'appelle Dieynaba NDIOM, Féministe, Femme politique et Sociologue de formation.

✓**Question 2 : Quels sont vos engagements militants (associatifs et politiques) en Mauritanie ?**

DN : Je suis engagée dans deux associations mauritaniennes : Voix des Femmes, qui est un collectif de jeunes féministes mauritaniennes et Initiative pour la Santé de le Reproduction, qui est une association qui travaille sur toutes les questions liées à la santé de la reproduction, comme son nom l'indique. Sur le plan politique, je suis engagée au sein du parti FPC (Forces Progressistes du Changement), dont je dirige la fédération de Nouakchott.

✓**Question 3 : En étant une femme engagée publiquement, rencontriez-vous des écueils sociaux et discriminants liés au genre ? Et également quelle analyse faites-vous autour de la condition féminine en Mauritanie aujourd'hui en 2021 ?**

DN : Pas spécialement dans les organisations où j'évolue, cependant les organisations associatives comme politiques sont à l'image de notre société, toutes les pesanteurs socioculturelles y sont palpables. Les conditions des femmes en Mauritanie sont de plus en plus difficiles sur quasiment tous les plans : Niveau juridique, toujours pas de loi sur les violences que subissent les femmes, dans le milieu familial, professionnel, dans l'espace public etc. Niveau politique, avec l'actuel régime ; c'est plutôt la régression sur le nombre de femmes dans les postes de responsabilité. Niveau social, nous sommes restés cette société très conservatrice avec un système social très hiérarchisant et discriminatoire, d'où les relations de pouvoirs sont omniprésentes.

√Question 4 : Ce 28 novembre 2021, jour du 61ème anniversaire de l'indépendance nationale, une manifestation a été réprimée dans la ville de Bababé, pouvez-vous nous donner quelques éclaircissements sur ces événements en tant que militante politique ?

DN : Comme chaque 28 novembre, depuis 30 ans actuellement, une partie de la Mauritanie demande justice sur les crimes commis, c'est également l'occasion de revenir sur tous les épisodes sombres de la Mauritanie à l'égard de sa composante noire, qui continue d'ailleurs de plus belle sous d'autres formes. Ainsi, différents événements (sit-in ; marche ; conférence de presse…) se font chaque 28 novembre à Nouakchott et/ou à l'intérieur du pays. Cette année à Bababé s'est tenue une manifestation, comme les années précédentes, mais violemment réprimée. Plusieurs jeunes blessés, ce qui a valu leur évacuation à Dakar pour des soins. La lecture que j'en fais, connaissant bien ces jeunes, le pouvoir n'a fait que renforcer leur détermination. La répression atteint rarement les esprits déjà éclairés.

√Question 5 : En Mauritanie, les problématiques liées à l'esclavage font partie de l'actualité d'une manière sporadique, selon vous pourquoi n'arrive-t-on pas à éradiquer ce phénomène pour de bon ?

DN : Comme je disais plus haut, notre société est conservatrice et surtout très discriminatoire. Nous avons beaucoup de tares, beaucoup de soi-disant valeurs qui ne sied plus à notre époque.

L'esclavage est l'une des pires pratiques qui existe dans notre société. Nous devons faire face à cette réalité et la combattre avec toutes nos forces, même si nous savons que des murs se dresseront, car entre les privilégiés de cette pratique et notre Etat si frêle, le chemin est encore très long.

√Question 6 : Autour de ce même phénomène (l'esclavage ou ses conséquences sociétales), historiquement un certain tabou couve en milieux negro-mauritaniens (hors haratines), réellement qu'en est-il dans la société Peul selon vous ? Le construit culturel et sociétal qui tient à une certaine hiérarchisation sociale ne constitue-t-il pas un écueil pour l'émergence d'une mobilisation militante d'envergure cohérente et transversale sur le champ revendicatif National ?

DN : La société peul, comme les autres communautés est défini par une hiérarchisation sociale, qui même si jadis répondait à des métiers socio-professionnels, aujourd'hui n'a plus sa raison d'être et elle constitue un frein à ce que nous pouvons construire ensemble.

L'intersectionnalité entre nos différents combats est notre seule issue vers une Mauritanie juste et fière de sa diversité.

• L'interview du 30 avril 2023

√Question 1 : **Bonjour Madame KONATE Assa, pouvez-vous vous présenter à nos lecteurs, parcours académique et professionnel ?**

AK : Je suis Assa KONATE, avocate au Barreau d'Orleans depuis février 2022.
Je suis d'origine mauritanienne, mes parents sont originaires de Kinininkoumou dans la région du GUIDIMAKHA.
Je suis née en France à Orléans dans le Loiret. Après mon BAC ES, j'ai débuté mes études universitaires à l'Université Paris XIII de Villetaneuse ou j'ai obtenu un DUT Carrière Juridique. J'ai décidé de rentrer à Orléans pour poursuivre mes études de droit.
A ce moment-là, je n'avais pas encore envisagé de devenir avocate. Je souhaitais avant tout obtenir un bagage juridique solide avant d'entrer dans le monde professionnel. J'ai donc obtenu ma licence en droit général, un master 1 puis un master 2 en droit public.

√Question 2 : **Juriste de formation de base, vous êtes avocate depuis quelques mois, quelles sont les étapes importantes menant à cette fonction en France ? Et également pouvez-vous nous préciser votre champ d'exercice (spécialité) ?**

AK : J'ai toujours travaillé durant mes études. J'ai eu l'occasion de pouvoir occuper des postes en lien direct avec mes études de droit au sein de différents tribunaux et administrations publiques. C'est lors de mon expérience en tant que greffière au sein d'un tribunal que j'ai commencé à murir ce projet de devenir avocat.

Pour plusieurs raisons, je me suis rendu compte que je ne connaissais pas bien ce métier.

C'est en assistant aux différentes audiences et plaidoiries, en relisant les conclusions et sollicitations des avocats que j'ai manifesté un réel intérêt pour la profession.

J'ai en quelque sorte découvert que l'avocat pouvait à son niveau faire bouger les choses…

J'ai également été séduite par l'aspect libéral de la profession. Le fait de pouvoir être libre et indépendante correspondait beaucoup à mon état d'esprit et à mes aspirations.

La profession d'avocat est une profession réglementée accessible aux titulaires du certificat d'aptitude à la profession d'avocat (CAPA). Ces certificats sont délivrés par les Centres Régionaux de Formation Professionnelle des Avocats. Pour y entrer, il est nécessaire de réussir un examen organisé par les IEJ (instituts d'études judiciaires).

J'ai passé et obtenu le certificat d'examen d'accès au centre régional de formation professionnelle d'avocats (CRFPA) au sein de l'IEJ d'Orléans.

Dans la foulée, je me suis inscrite à l'EFB (École de formation professionnelle des barreaux du ressort de la cour d'appel de Paris) pour suivre la formation initiale.

Il s'agit d'une formation initiale obligatoire qui se déroule sur une période de 18 mois.

Elle est sanctionnée par le CAPA qui comporte diverses épreuves orales et écrites.

Après l'obtention de mon CAPA, j'ai demandé mon inscription au tableau de l'Ordre du barreau d'Orléans, après avoir prêté le serment nécessaire à l'exercice de la profession.

Je suis avocate généraliste. Néanmoins, du fait de mon histoire personnelle, je savais que je voulais me diriger vers le droit des étrangers.

Le droit des étrangers est l'ensemble des règles qui ont pour objet d'encadrer les questions liées à l'entrée, au séjour et à l'établissement des étrangers sur le territoire français.

Les étrangers rencontrent bien souvent des difficultés dans le cadre de leurs démarches administratives leurs permettant de se maintenir sur le territoire français.

En effet, les processus administratifs sont souvent complexes et nécessitent la connaissance des normes et règlements en vigueur.

De plus, la communication peut s'avérer difficile pour les étrangers, dans la mesure ou la langue française n'est pas toujours maîtrisée.

Un avocat peut non seulement aider à comprendre le système administratif, mais aussi aider à résoudre des problèmes juridiques, à faire valoir des droits et à contester des décisions administratives. Ce domaine représente une grande partie de mon domaine d'activité. Je pratique également le droit de la famille, le droit administratif et le droit civil.

√Question 3 : française et afro-musulmane, quelle analyse faites-vous sur le débat politico-médiatique récurrent autour de la question de l'islam en France ?

AK : En tant que femme, noire et musulmane, on peut dire que je cumule toutes les tares de cette société ! La profession d'avocat reste encore très fermée même si elle demeure plus ouverte en région parisienne. En passant l'examen du barreau et en m'installant à Orléans, je savais que je me lançais dans un milieu qui peut paraitre assez fermé et assez homogène socialement parlant... cela ne m'a jamais freiné au contraire ! J'aime être là où l'on ne m'attend pas !

Je pense que pour faire avancer les choses, il faut que de plus en plus de jeunes issus de mon milieu ose !

On peut être femme, noire, française, musulmane et avocate !

✓Question 4 : De votre position occupant une fonction libérale intellectuellement fournie, qu'entendez-vous sous la notion du féminisme aujourd'hui ?

AK : Il n'y a pas un féminisme mais plusieurs féminismes, chacun peut être féministe à sa manière. Comme il y a plusieurs façons d'exercer la profession, il y a plusieurs façons de vouloir défendre les droits des femmes.

Pour ma part, c'est de considérer que la femme est l'égal de l'homme et que cela doit se manifester dans tous les domaines de la société sans oublier les spécificités qui nous caractérisent. En tant que femme dite « « racisée » nous avons nos propres revendications car nous subissons différentes formes d'oppression et de discriminations en plus du sexisme.

L'afro-féminisme répond à cette double discrimination, que l'on appelle l'intersectionnalité : celle du sexisme et du racisme. Je souhaite que les femmes noires sachent qu'elles peuvent, elles aussi, accéder à des postes à responsabilité au même titre qu'un homme ou une femme blanche.

✓**Question 5 : vous êtes issue du groupe sociolinguistique soninké, êtes-vous au courant des tensions sociales qui y couvent autour des problématiques liées à l'esclavage par ascendance ? Si oui, quel message avez-vous à l'endroit de la communauté et particulièrement aux associations engagées pour plus d'égalité sociale ?**

AK : Je ne me suis pas lancé dans la profession par hasard…

Depuis ma tendre enfance, j'ai toujours eu une aversion pour l'injustice… j'ai toujours eu ce penchant systématique pour les opprimés…et donc manifestement l'esclavage par ascendance est une forme d'injustice qu'on ne peut pas nier…

Je pense que cela s'explique en grande partie par l'ignorance et la non-connaissance de ce qui relève des droits humains… je pense que si chacun connaissait ses droits en tant qu'être humain ce fléau n'existerait pas …

j'encourage donc les membres de la communauté à s'engager et à sensibiliser… pour honorer les droits humain….

- L'interview du 18 octobre 2023

Question 1 : Bonjour monsieur Sidibé, nos remerciements pour votre disponibilité, pouvez-vous vous présenter à nos lecteurs ?

SS: Bonjour Koundou Soumaré. C'est un plaisir pour moi de répondre aux questions de votre blog. Je m'appelle Souleymane Sidibé. Je suis né à Nouakchott à Sebkha et j'ai passé mon enfance entre Socogim K (notre maison familiale), Sixième chez mes grands-parents, Socogim Bagdad, Socogim Ps un peu ; Ilok K et Tevragh Zeine avec les amis. Je suis nouakchottois. Après les études primaires à Dioukhamadya (Médina 3) jusqu'en première année collège dans le programme mauritanien, j'ai rejoint le système éducatif français en classe de 5ème (2e année collègc) au Petit Centre (Ilot K) ; puis au Lycée Privé du Sahel. J'ai quitté la Mauritanie pour Bordeaux après l'obtention du bac S que j'ai passé au Lycée Français Théodore Monod (LFTM) de Nouakchott en 2016. Cela m'a fait découvrir l'Université de Bordeaux en France, à mes 18 ans, dans un parcours Santé que je n'ai pas pu poursuivre ; ensuite, je me suis inscrit en biologie. J'ai également pris des cours en gestion et maîtrise de l'eau dans une université privée.

● Question 2 : Étudiant mauritanien et africain en France depuis quelques années, quelle expérience en tirez-vous jusqu'à là ? Atouts et pièges éventuels à éviter pour des futurs étudiants...

SS : Vieil étudiant, dirais-je. J'avoue qu'être étudiant en France, c'est d'abord être confronté à une autre réalité, un autre rythme de vie et de travail. Les cours sont une continuité de ce que l'on a étudié, mais les codes culturels ainsi que le sérieux demandé, la rigueur et le statut d'étudiant nous renvoient dans d'autres référentiels. Tout d'abord, être étudiant est un statut dans un pays d'accueil pour le nouvel étudiant que je fus. Il fallait étudier en étant dans l'obligation de moyens afin d'attester de ma situation d'étudiant. Il faut fournir chaque année son évolution. L'obligation de réussite s'impose après un ou deux échecs pour ne pas perdre ce statut. La vie estudiantine est un passage dans lequel on suit un apprentissage. Chaque cours, chaque TD, chaque TP, dans le domaine qui est le mien, même ailleurs, est l'occasion d'apprendre quelque chose de nouveau. Ensuite, on élargit ses perspectives en ayant un projet d'études ou en le construisant tout au long, on devient résilient. On apprend à gérer son temps, faire le ménage -ce que ma mère m'avait habitué les fins de semaines-, cuisiner ; on cultive ses relations personnelles tout au long. Enfin, pour me permettre de donner un conseil à un futur étudiant ou une étudiante, c'est de croire en soi en étant réaliste. Les études en France demandent des moyens. Il faut des ressources financières, de l'argent. Si l'on n'a pas beaucoup de moyens, on ne peut pas s'inscrire dans certaines écoles. Même si c'est dans le public. Il faut alors ajuster ses ambitions. Et surtout favoriser actuellement les formations avec des alternances quand on a un peu d'aide parentale, familiale. Il est important de rester focus en étant ouvert au conseil. C'est très difficile de faire certains parcours en travaillant, par exemple, dans la restauration en parallèle. Étant donné qu'il s'agit d'un apprentissage et d'un enrichissement continus, parlant de la vie d'étudiant, c'est alors nécessaire de faire régulièrement un bilan de ses expériences. Quand on est là, comme tout le monde, on se met petit à petit dans le bain sans se faire un sang d'encre ou se mettre la rate au court-bouillon. C'est aussi important de changer d'habitude ainsi que prendre soin de sa santé mentale et physique.

● **Question 3 : Vous avez publié un recueil de poèmes intitulé La Poésie démeurt, il y a de cela quelques temps, pouvez-vous nous présenter brièvement cet ouvrage et comment peut-on se le procurer ?**

SS : La Poésie démeurt est un recueil que j'ai écrit pour déclarer mon amour à la poésie. J'écris toujours et lis dès que l'occasion s'offre. On lit en prélude l'hommage à ma tante décédée à Paris. C'est un livre à sa mémoire. Un format de 68 pages publié chez Les Editions Universitaires (Muse) que je déconseille ct un autre chez Amazon contenant 203 pages. Je remets la présentation du livre sur les sites de vente ou en bibliothèque à partir de ISBN 979-8496349680. La Poésie démeurt rassemble des poèmes que j'ai écrits entre 2016 et 2021. Entre cris nocturnes, mélancoliques et réflexions philosophiques, ce recueil s'imprègne d'une écriture rythmée et lamentée par le quotidien. Le recueil de poèmes parle du continent africain, de la patrie, de mes études, de son auteur, de l'amour-ses contradictions, son dévouement et sa belle cruauté-, également de belles choses de la vie, et son épitaphe : la mort. En poète amateur, je survole le monde par les mots en pansant les maux. Je suis un admirateur des grands noms de la poésie à l'image de Ousmane Moussa Diagana de mon pays comme des auteurs de ce que je qualifie de poésie-merveille (parlant de la poésie française). Je dessine mon monde à dessein des autres calamités.

● Question 4 : Ces dernières années, la communauté soninké vit beaucoup de frictions sociales liées à l'organisation intra-communautaire (féodalisme, discriminations…) et au phénomène de l'esclavage statutaire, comme jeune soninké lettré en phase universitaire, quelles sont vos réflexions à propos ?

SS : La communauté soninké a vécu des conflits bien avant la Seconde Guerre mondiale. Des villages sont nés au fil du temps suite à des discordes, des batailles rudes,

des installations de campements... Il y a des survivances idéologiques liées à l'esclavage et à la féodalité. Les rapports ancestraux fossilisés pour parler comme le chercheur Sidi Ndiaye animent les imaginaires collectifs de différentes fractions sociales. Nous avons au sein de cette communauté comme dans d'autres en Mauritanie une organisation étriquée que la culture citoyenne doit balayer. Cela n'est malheureusement pas possible d'un simple revers de main. Il faut l'implication des acteurs sérieux des droits humains et des politiques débarrassés des préjugés sociaux. L'esclavage statutaire est une réalité. On voit même des individus avancer des propos pour justifier qu'ils ne sont pas issus d'une certaine catégorisation sociale en indexant d'autres. Il est urgent de se débarrasser de l'idée de la noblesse. L'idée de la citoyenneté doit naître au profit de tous ses maux. Les laada (accords coutumiers) étaient les verrous du rapport subalterne ou dominé socialement (*kome, sakke, tage*, etc) au *moodi* (marabout statutaire) et *hoore* (noble) dans le milieu soninké. Il y a eu des familles engagées contre cette supercherie pour plusieurs raisons (éducation moderne, fierté culturelle, etc.), mais il faut connaître qu'avec l'arrivée du mouvement Gambanaaxu qui un consortium d'association luttant pour l'égalité citoyenne en milieu soninké, la donne a considérablement changé. On a vu pulluler des contre-mouvements qui ne font ni le poids électoral ni la force de conviction et de sérieux ; nullement comparable se cachant derrière un fantasme social que le capitalisme ne considère pas. L'Etat changera d'allier inévitablement si l'occasion se présente. Les militants de Gambana (l'éveil citoyen) -pour ceux que je connais- ne font pas du militantisme à la carte comparée à bon nombre de d'associations. Je pense simplement que la vie, ce sont quelques fois des rapports de force. Il faut arriver à démystifier le discours des tenants de l'ordre inique qui vivent avec nous et nous sourient à longueur de journée. Après les laada, la démystification des discours puérils dans les oreilles d'un citoyen moderne, il faut se former, se donner les ressources financières et tester son coefficient d'adversité. Il s'agit d'un mépris historique, je ne vois pas d'autres voies à part le terrain de la lutte des idées et la revendication du respect. Sur le terrain scientifique, il y a eu des écrits pertinents. Il ne s'agit plus de « cogito », cogiter (penser), mais de "practise" (pratique). La pratique, c'est ce qui est demandé. L'appellation Jabankaanu est le nom redonné à un quartier dans un village du Guidimakha. Cela montre l'esprit alerte de la nouvelle génération, même de l'ancienne génération de se débarrasser des tares. Avant, certains vieux disaient « *o komon kaani* », se traduisant par « chez nous esclaves ». Cette appellation était implantée dans leur conscience. Je discutais avec un monsieur il y a de cela quelques années. J'ai voulu à travers lui comprendre l'organisation sociale. Je n'ai été au village qu'une fois et ce, étant très petit. Je lui ai avancé quelques arguments pour la destruction des tares. Il me dit que son village -dont je tairai le nom-, c'est pour « leurs esclaves » et eux.

J'analysais son discours et essayais de comprendre les mécanismes qui régissent sa pensée et son être. Je lui ai posé la question de savoir s'il pouvait se marier avec une personne issue du groupe qu'il qualifie de *komo*. Il me répondit : « Non, pour rien au monde. Pourquoi ont-ils accepté cette dénomination ? ». Cette réponse est parlante. Comment on justifie idéologiquement la perception féodale ? C'est pour montrer là que le discours qui légitiment cela doit être attaqué. En tant que jeune apprenant, j'espère continuer à l'être dans ce monde où le savoir et la bonne information sont importants, Il y a des jeunes qui ne tiennent plus compte du référentiel coutumier. Les choses avancent, tant mieux. Tant pis pour les blessés de l'existence qui sont encore attachés à leur illusion. Nous devons aspirer à une chose : c'est la citoyenneté. C'est difficile avec l'absence des politiques publiques, l'école pour tous et les arguments de militants des droits humains. On remarque que la hiérarchisation de la société soninké suit son cours jusqu'en France. Les noms des foyers ont des connotations. Certains font appel à des religieux coutumiers pour les festivités. Il y a des tenants du système inique. Ces dernières années sont tout de même l'amorce de l'éveil citoyen en masse. C'est du concret.

• Question 5 : Concernant l'éducation, beaucoup d'initiatives sont prises au sein des communautés villageoises soninké du Guidimakha (système hybride Mahadra- école) en dehors du cadre de l'enseignement étatique, vous y voyez quoi en termes d'inconvénients et d'avantages ? Et quel regard portez-vous sur l'éducation des jeunes filles dans nos communautés ? Et vos préconisations éventuelles en la matière ?

SS : Je ne suis pas un fin connaisseur du village à proprement parler, puisque je n'y ai pas vécu. Je connais l'organisation et observe les individus issus de ce milieu. En ce sens, il m'arrive d'observer et faire mon analyse à partir des ressortissants qui clament leur fierté. Ces dernières années, l'élément religieux (la conduite de la prière, les prêches du vendredi, le tissage des liens matrimoniaux, les baptêmes en partie…) n'est plus une propriété privée d'une famille qui se dit garante de la religion au sein du village ou des villes. La connaissance prime dans les grandes villes, de nos jours. Quelques émigrés financent l'école coranique de leurs enfants pour ensuite construire des mosquées afin qu'ils y enseignent la parole d'Allah. Cette approche n'a pas pour objectif premier de déconstruire les survivances idéologiques. Tout de même, elle aide à l'émancipation des mentalités en mettant en avant l'idée de croyant. Il jongle dans une vision entre le délaissement de ce qui est proscrit (interdit) et la mise en avant de ce qui lui est prescrit à côté de celle que doit véhiculer une nation. Je parle de l'idée de citoyen. Ce que tu appelles système hybride est une juxtaposition de deux systèmes d'apprentissage. D'un côté, on a les madrassas comme on appelle les mahadras dans les milieux ruraux du Guidimakha qui sont un espace pour l'apprentissage de l'arabe et du coran où l'enfant apprend les lettres originelles. Cet apprentissage suit sa pédagogie. Et, d'un autre, on voit l'école – censée être- républicaine. Elle est délabrée à l'instant où j'écris ces quelques mots. Il faut la refonder et assainir de façon matérielle et immatérielle. Malgré les différents manquements, l'école moderne doit être la priorité pour saisir son environnement, assurer son lendemain par une formation classique ou professionnelle et se perfectionner pour la vie en société. On peut entendre par « système hybride », le renforcement de l'arabe et de l'apprentissage de la religion dans le programme scolaire.

A Nouakchott, les enfants arrivent à apprendre les lettres « originelles » à la maison. On doit favoriser l'école à mon sens pour la formation qualitative axée sur l'aspect citoyen et technique. Nos universités doivent accueillir des étudiantes et étudiants ayant des prérequis (savoir et savoir-faire) pour affronter le monde du travail, la recherche scientifique et laisser en place des filières pour les personnes désireuses de continuer dans les sciences sociales et les sciences dites islamiques. Ce n'est pas le rôle des collèges et lycée. Ce système hybride dans le deuxième cas est un échec assuré. Concernant les jeunes filles appelées à devenir des femmes à partir de la maturité, notre société doit comprendre qu'elles sont des citoyennes entières et non pas à part entière.

L'hypersexualisation dès le bas âge avec tout un pan culturel doit cesser. Elles doivent assurer les mêmes postes, car elles ont droit aux mêmes qualifications. Je vais de ce principe. Combien de familles ont sacrifié les études de jeunes femmes à cause d'un mariage ? Cette « programmation » au foyer met en danger des vocations. Le manque d'éducation est un danger pour la santé même. Comment comprendre la reproduction féminine et les maladies qui n'épargnent pas à l'image des cancers du col de l'utérus et du sein qui sont fréquents ? C'est à travers l'éducation que l'on agrandit ses horizons, et l'école est le point le plus crucial pour arriver à se construire. Je pense que l'on ne peut pas inventer d'autres combats. Soutenons les combats sur le terrain, partageons et mettons en valeurs les femmes qui se sont émancipées du poids social pour émerger. Elles sont nombreuses.

Quand il y a souvent des sorties pour la promotion de l'éducation des jeunes filles, on voit plus d'hommes et peu de femmes. Toute occasion est bonne pour faire la promotion du système patriarcal qui prédomine. Les choses bougent dans les grandes villes. Hélas, on peine encore à recenser des filles parmi les admis au baccalauréat dans les villages. Cela ne veut pas dire qu'il n'y a pas une sensibilisation au sein des terroirs. La volonté y est, mais les moyens étatiques sont maigres. L'assertion de Cheikh Sadbouh Kamara est comprise dans certains foyers. « De nos jours, le premier mari d'une femme, c'est son salaire », disait-il. Le projet professionnel et la compétence avant le projet matrimonial.

• Question 6 : Vous publiez régulièrement sur les réseaux sociaux (votre page Facebook notamment) sur diverses thématiques, quelle analyse faites-vous de la situation politique et sociale mauritanienne après les élections générales de mai 2023.

SS : Effectivement ! Je publie très souvent l'actualité sur ma page personnelle, en me laissant aller vers l'interrogation critique, et comme tout le monde, avancer quelques opinions sur la politique... Les Live de Souleymane est ma page où des invités donnent leurs avis sur diverses thématiques. Les directs sont un moment de militantisme ou de débats, d'échanges. Quant à la situation politique après les élections législatives de mai 2023, on remarque une nouvelle configuration. Cette nouvelle configuration politique est le résultat de tiraillements des dernières décennies. Les grandes figures de l'opposition politique dont on ne voyait pas - à priori- une alternance au sein de leur mouvement se sont retrouvés derrière des partis naissants, nés de compromis ; même sur des bases militantes pour certains. Le pouvoir a tout de même su maintenir sa domination sur le terrain politique. La politique politicienne et le populisme ont également de beaux jours devant eux. C'est le constat. A côté, la situation socio-économique devient alarmante. Des réformes voient le jour. Quelles sont leurs finalités ? On se demande. L'arabisation est un facteur qui contribue à la dégradation de l'école censée être républicaine. Que faire ? Pour être bref, les choses suivent leur cours.

La politique qui reste le tremplin pour l'ascension se détourne de vraies questions. Les partis qui posent certaines questions essentielles en passant sous silence d'autres ou dont les dirigeants minimisent le sens des choses ne sont pas reconnus. Il est important de noter que ces dernières élections ont montré que le citoyen et son vote comptent. Les personnes dites d'extractions serviles ou d'ascendance servile ont manifesté leur rapport de force dans la bataille politique au sein du Guidimakha. Si les survivances idéologiques font écho dans le traitement politique au sein de l'appareil étatique, l'opposition n'en est pas indemne. Il y a une conscientisation face aux enjeux et aux défis économiques, le partage des richesses, etc., au sein des communautés mauritaniennes dont celle harratine longtemps délaissée.

● **Question 7 : Sur le cas du Sénégal, nos voisins, durent des remous sociaux et politiques autour de l'opposant Ousmane Sonko du Pastef (dissous récemment), en tant qu'observateur que se joue réellement entre l'actuel régime et le camp Sonko ?**

141

SS : Tout d'abord, il faut souligner ma proximité avec certains cadres du parti des patriotes africains du Sénégal pour le travail, l'éthique et la fraternité (Pastef). Disons que la plupart des membres de Pastef sont plus dans le militantisme que les calculs politiques. Ils sont dans une logique de construire le Sénégal qui selon la vision de Felwine Sarr ainsi que d'autres intellectuels est en train de perdre ses acquis démocratiques. Ces « remous » partent de l'expression de la volonté de l'actuel président de réduire l'opposition à sa simple expression. Ce type de pensée est connu des chefs d'Etats dans les démocratures. On remarque l'instrumentalisation de la justice, des arrestations arbitraires, des femmes séparées de leurs nourrissons, des hommes torturés, des personnes qui optent pour le silence dans une atmosphère de tension politique où toute cette brutalité est dirigée vers les Patriotes et leur président arrêté. La question du troisième est écartée, le pouvoir en laissant cette opposition faire campagne risque de se retrouver devant les tribunaux. Quelques personnes de l'administration, juges, etc., refusent de céder à des manœuvres politiques qui ne disent pas leurs noms. Ce qui m'impressionne, au Sénégal, deux membres d'une même famille peuvent être de bords politiques différents, tout en étant dévoués. Cela montre la maturité politique des Sénégalais. Tout de même, quel que soit celui qui présidera aux destinées du Sénégal, il aura pour premier objectif politique de décrisper la scène politique.

● **Question 8 : En quelques mots, quelle substance en matière de réflexion donnez-vous comme définition au panafricanisme aujourd'hui ?**

SS : Le panafricanisme est un mouvement politique et idéologique qui va de l'histoire africaine (esclavages, colonisation...), de la lutte pour l'indépendance, de la philosophie africaine, culture, et tant d'autres choses pour mettre en avant une unité africaine. Cette idéologie s'attaque de prime abord à l'impérialisme économique et au colonialisme aujourd'hui. Je conseille un enregistrement avec Dr Amzat Boukari Yabara sur ma page *les Live de Souleymane Sidibé* intitulé : *Le panafricanisme à l'ère du numérique. Il est historien spécialiste du panafricanisme*[22].

---

[22] Voir l'élément YouTube
https://www.youtube.com/live/KZ7oNFRzCQk?feature=shared

Table :

Koundou SOUMARE

Printed in Great Britain
by Amazon